经典悦读
系列丛书珍藏版

平等的历程

——恩格斯《反杜林论》「平等篇」如是读

陈培永◎著

SPM
南方传媒 广东人民出版社
·广州·

图书在版编目（CIP）数据

平等的历程：恩格斯《反杜林论》"平等篇"如是读／陈培永
著．—广州：广东人民出版社，2024.4
（经典悦读系列丛书）
ISBN 978-7-218-17035-0

Ⅰ．①平… Ⅱ．①陈… Ⅲ．①《反杜林论》—恩格斯著作研究
Ⅳ．①A811.24

中国国家版本馆 CIP 数据核字（2023）第 249977 号

PINGDENG DE LICHENG——ENGESI《FAN DULIN LUN》"PINGDENG PIAN" RUSHI DU

平等的历程——恩格斯《反杜林论》"平等篇"如是读

陈培永　著

出 版 人：肖风华

出版统筹：卢雪华
选题策划：曾玉寒
责任编辑：伍茗欣
封面设计：李桢涛
插画绘图：李新慧
责任技编：吴彦斌

出版发行：广东人民出版社
地　　址：广州市越秀区大沙头四马路 10 号（邮政编码：510199）
电　　话：(020) 85716809（总编室）
传　　真：(020) 83289585
网　　址：http://www.gdpph.com
印　　刷：广州市豪威彩色印务有限公司
开　　本：787 毫米×1092 毫米　1/32
印　　张：4　**字　　数：**80 千
版　　次：2024 年 4 月第 1 版
印　　次：2024 年 4 月第 1 次印刷
定　　价：24.00 元

如发现印装质量问题，影响阅读，请与出版社（020-85716849）联系调换。
售书热线：020-87716172

目录

导言　一份充满争议的平等遗产

　　在平等问题上，马克思、恩格斯留给我们的是一份充满争议的遗产。

　　进入相关文本，很容易会形成一种印象，那就是马克思、恩格斯是反对平等的。美国学者艾伦·伍德（Ellen M. Wood）曾指出："除了少数几处例外，马克思经常提到的'平等'，只是为了说明它完全是一种'政治'观念，而且作为一种政治价值，它是独特的资产阶级价值（经常与法国大革命的口号'自由、平等、博爱'相关）。他认为'平等'这一概念并非用来反击阶级压迫的价值，实际上是资产阶级进行阶级压迫的工具，这与消灭阶级的共产主义目标截然不同。"[①]

---

① ［美］伍德：《马克思论平等》，赵亚琼译，载《国外理论动态》2015 年第 3 期。

如果我们从马克思、恩格斯这里只能读到如此的平等观，那就很难想象这对于思考我们这个时代的平等问题能有多大的启发，更不用提对于推进平等事业能有什么意义和价值了。

应该认识到，在当时众多思想家争相谈论平等、建构平等理论，平等口号风靡一时的情形下，马克思、恩格斯不可能看不到平等的价值，更不可能反对平等。只能作出的解释是，不是马克思、恩格斯反对平等，而是当时流行的关于平等的理论，是他们认为存在问题的平等论。他们实际上反对的是：脱离经济社会现实抽象地谈平等理想、谈追求平等；把本来还存在阶级对立、阶级压迫的社会说成是平等的社会；在争论平等问题上打转，错失进一步推进社会革命的正确路径；在追求平等的过程中同质化个人，根据同一标准来评判本来各有所能、各有其长的人，否定了人的自由个性、差异性。

谈平等，得有正确的方法论。马克思、恩格斯要在众说纷纭的平等问题讨论中打造出由科学方法论即唯物史观方法论支撑的平等论，从人类社会的客观历史进程看待平等的出场和未来走向。

　　恩格斯的《反杜林论》是最好的证明，充分体现了马克思主义经典作家在探讨平等的科学方法论方面的努力。该书第一编"哲学"部分的"十　道德和法。平等"①，包含着马克思主义关于平等问题的最为系统的论述、最为简洁明了的观点，这在其他任何文本中都是没有的。这部分完全可以称为《反杜林论》中的"平等篇"，《反杜林论》因此可以定位为马克思、恩格斯建构平等理论的经典文本。

　　需要特别提及的是，在为写作《反杜林论》所作的准备材料中，恩格斯还为写作这部分留下了虽不完整但极具启发意义的精彩论断②。这些论断有一些在正文中得到展开，有一些则并没有出现在正文中。没有出现，可能是因为观点不够成熟，或者说正文中有新的表述方式，但无论如何，这部分论述同样具有独立的研究价值。

　　在"平等篇"中，恩格斯在批判杜林的平等理

---

　　①　参见《马克思恩格斯文集》第9卷，人民出版社2009年版，第101—113页。

　　②　参见《马克思恩格斯文集》第9卷，人民出版社2009年版，第352—355页。

论之后，带有总结性地写道："虽然我们关于杜林先生对平等观念的浅薄而拙劣的论述已经谈完，但是我们对平等观念本身的论述没有因此结束，这一观念特别是通过卢梭起了一种理论的作用，在大革命中和大革命之后起了一种实际的政治的作用，而今天在差不多所有国家的社会主义运动中仍然起着巨大的鼓动作用。这一观念的科学内容的确立，也将确定它对无产阶级鼓动的价值。"①

显然，恩格斯不仅要指出对方的问题，还要讲清楚自己的观点，他认可平等的观念不仅在理论上而且在政治实践中都起到了一定的作用，甚至还起着巨大的鼓动和激励作用，因此有必要讲清楚平等观念的科学内容，要建立"合理的平等"理论，要防止"抽象平等"的理论。

恩格斯强调的是，平等观念是历史的产物，具有历史性。"平等"不是永恒不变的抽象价值观，不是人类社会形成伊始就出现的超自然、超社会的理念，它是在具体的经济社会现实基础上的生成

---

① ［德］恩格斯：《反杜林论》，《马克思恩格斯文集》第 9 卷，人民出版社 2009 年版，第 108 页。

品，从根本上来说是社会经济关系的产物。随着经济社会关系的变化，平等的内容本身，以及对平等的追求方式，也会且应该变化发展。

在从古至今乃至未来很长的历史阶段，虽然都讲平等，其含义却是不同的。只有回顾平等的历史进程，才能看到人类社会平等的全貌，才能正确审视现代平等的状况，思考平等的未来走向。

这本小册子以恩格斯《反杜林论》中的"平等篇"为基础，并适当参考全书相关理论，再加入马克思、恩格斯其他相关文献中关于平等的论述进行拓展性发挥，以彰显马克思主义平等理论的独特性和当代性，建构出一套有内在逻辑的马克思主义平等理论，旨在为当今时代发展平等理论提供有益借鉴。

历史产物

一、探讨平等的方法论审视

两个意志的完全平等，只是在这两个意志什么愿望也没有的时候才存在；一当它们不再是抽象的人的意志而转为现实的个人的意志，转为两个现实的人的意志的时候，平等就完结了……

1

马克思、恩格斯所处的 19 世纪，以及在之前的 18 世纪，是平等理论盛行的时期。在那个阶段，很多聚焦人类社会的思想家纷纷发表关于平等的著述，即使没有关于平等的专著，也会在自己的作品中增加关于平等问题的探讨。

人人都谈平等，但每个人所谈的平等似乎都无法获得共识，甚至无法获得后来者的认同。后来者总想超过前人，总以为自己会超过前人，结果却总是"并非如此"。

杜林是其中的一位"后来者"，他不满意之前的思想家关于平等的论述，努力的方向是对平等作一个"科学"的阐释，按照他自己的说法是为人们提供一种"严密科学的世界观和人生观"。用今天的话来说，就是理想很丰满，但现实又很骨感。在具体探讨平等问题的方法上，杜林的思路是"化繁为简"，把社会分解为简单的要素，主张从最简单、最基本的关系来阐述包括平等在内的法的、道德的基本概念。

怎么做到从最简单、最基本的关系出发呢？就是从两个人开始，从两个具有完全平等意志的个人开始。作为意志完全平等的两个人，任何一方都可以说"我只要我以为，我不要你以为"，一方不能对另一方提出任何肯定要求，不能将自己的意志强加于另一方，不能平白无故地宣称"我的愿望高于你的愿望"。

为了避免对他人意志的侵犯，这两个人需要运用自身的思考能力，通过订立契约来建立一种自愿的、特殊的情谊，即平等关系。对杜林来说，这是法的、道德的正义的基本形式，是简单的公理。这个简单的公理，也就是"两个人的模式"①，是杜林自以为很得意的方法论，被其认为是可以从物理的分解和数学的推演中找到的一条"颠扑不破"的"公理"。

在杜林看来，无论是作为研究对象的社会，还是作为研究对象的自然，不管怎么复杂，都可以分解为最简单的要素。就像磁力有两极、水由氢和氧化合而成一样，社会归根结底是由两个人构成的。平等作为社会中的一条"公理"，是可以通过两个人的模型逐渐构建、发展起来，并且是可以运用确证的推理方法论证出来的，因而是根本不变甚至是亘古不变的真理。

面对这种探讨平等问题的方法论，恩格斯明确指出，这不仅不是公理，而且甚至是过度的夸张。他为此用了不少篇幅对这种"不靠谱"的平等论进行了批判。

杜林所设定的前提本身就是有问题的。一方

①　[德] E. 杜林：《哲学教程》，郭官义、李黎译，商务印书馆1991年版，第191页。

面，两个人在性别上可能就是不平等的，人类社会最简单的要素肯定不是两个男人，而是一个男人和一个女人，如果要构想两个人，怎么也应该从男人和女人开始，他们结合起来建立家庭，这才是最简单和最初的形式。没有这种结合，就没有人的繁衍，社会本身就注定要灭亡，就根本谈不上法的、道德的平等。只是，如果从一个男人和一个女人开始，就无法设想人的平等，因为男女有别，本身就存在差异。这也正是杜林不选择一个男人和一个女人，而是选择两个男人的原因所在。

即使是两个男人，也不可能是平等的。在"准备材料"中，恩格斯举了"两个男人"的例子，一个是美国人，一个是柏林大学生。这个美国人熟悉各种行业，这个柏林大学生除了一张中学毕业文凭和现实哲学，再加上根本没有在击剑馆受过锻炼的双臂，别无所有。这个美国人生产一切，那个大学生只能是这里帮帮忙、那里帮帮忙，分配按照每个人的贡献来进行，不久之后这个美国人就具有对殖民地日益增长的居民进行资本主义剥削的手段。"两个平等的男人"的例子，不是很容易在现实面前被打破吗？恩格斯反问道，在这种情况下，怎么可能谈到平等呢?

另一方面,拥有平等意志的两个人,一方不能向另一方提出任何肯定的要求,这也是有问题的。在杜林看来,一方如果这样做并以暴力实现自己的要求,就产生了非正义的状态,那就违背了平等。但在现实生活中,因为素质和能力的差异,必然会出现一方要求另一方一起完成一件事情、解决共同问题的情况,在这种情况下,一方虽然向另一方提出了肯定的要求,但却不能理解为不平等和奴役,反而应该理解为平等和互助。但杜林却没有区分,一概认为是不平等和不正义,是奴役和压迫,这种观点肯定是有问题的。

两个舟破落海的人,漂流到一个孤岛上,组成社会。他们的意志在形式上是完全平等的,这一点两个人都承认。但是两个人在素质上存在着巨大的不平等,一个人伶俐,果断而有毅力;另一个人愚笨、优柔、懒惰和委靡不振。为了共同生存下去,不用很长的时间,前者就会说服后者,通过自愿的形式把自己的意志强加给后者,并且后者在前者的领导下,会逐渐形成习惯。这是恩格斯举的另外一个例子。在这种情况下,肯定不能说是不平等、不正义的，为了强调意志平等而反对一个人向另一个人提出任何肯定的要求，显然有悖于社会现实。

恩格斯指出，杜林在提出两个人意志平等的公理后，实际上一直在这个公理上退却，也就是一直又去讲平等的例外。退却之一体现在"意志上的不平等"，即对意志的自我规定欠缺的人，比如儿童，不能与之讲平等。

退却之二是"道德上的不平等"，即对道德上有问题的人，带着特有兽性的人，不能讲平等。

针对这种观点，恩格斯在反驳中谈到了人性与兽性的问题，有段非常精彩的论述："人来源于动物界这一事实已经决定人永远不能完全摆脱兽性，所以问题永远只能在于摆脱得多些或少些，在于兽性或人性的程度上的差异。把人分成截然不同的两类，分成具有人性的人和具有兽性的人，分成善人和恶人，绵羊和山羊，这样的分类，除现实哲学外，只有基督教才知道，基督教也一贯有自己的世界审判者来实行这种分类。"①

---

① ［德］恩格斯：《反杜林论》，《马克思恩格斯文集》第 9 卷，人民出版社 2009 年版，第 106 页。

初读这段话，可能会让人困惑的是，恩格斯好像反对人与动物、人性与兽性的区分，反对人有善人和恶人、好人与坏人之分。

实际上，恩格斯反对的是把人从道德上进行划分，一部分是具有人性的人，一部分是具有兽性的人；一部分是没有兽性的、完全人性化的善人，一部分是具有兽性的、作为禽兽的恶人。他强调的是，人源于动物界，人是动物，虽然可以自认为是高级动物，但无论高级与否，只要是动物就不可能摆脱兽性。人与人之间，只有摆脱兽性程度上的差异，没有一个人可以自称完全摆脱了兽性，更没有资格去将其他人认定为具有兽性的人。

这似乎是人性恶的悲观论调，但我们又能发现，恩格斯还是认为人可以多一些地摆脱兽性，可以不断提升摆脱兽性的程度。这是一种既不盲目乐观又不完全悲观的人性论调。如果我们偏要追问，人就不能完全摆脱兽性吗？我们为什么不能有这种自信？其实，答案如果是肯定的话，这时的人就不再是人，不再是作为高级动物的人，而成为近乎神秘的物种或类群了。

恩格斯之所以持这种观点，还在于那种把人分成两类的论调中隐含着一个根本性的问题，那就是一旦有这种区分，总有人来决定谁是具有人性的人、谁是具有兽性的人，哪些人低人一等甚至哪些人不是人，那些自认为自己是具有人性的人又会认定自己可以严厉地甚至不择手段地对付具有兽性的人，可以运用不信任、计谋、严酷的甚至恐怖的以及欺骗的手段来对付后者，并且还会认为这样做丝毫不违背伦理道德。

在恩格斯看来，这种论调会给"世界审判者"的"世界审判"提供依据。在基督教中出现的结果是，虔诚的羔羊对自己的世俗近邻山羊行使世界审判者的职权。在现实生活中，一旦将评判人性与兽性的权力交给世俗的人，肯定会后患无穷。那些自认为自己讲道德的人，就可以审判他们认为的不讲道德的人吗？就可以决定其他人的命运吗？

本来，杜林是要讲两个意志的完全平等的，讲人与人之间的平等的，结果在这种平等的退却中、在这种平等的例外中，却制造了不可抹平的对立，为人与人之间的不平等、为一部分人压服另一部分人进行了辩护。到头来，"一方面是幼稚、疯狂、所谓的兽性、设想的迷信、硬说的偏见、假定的无能，另一方面是想象的人性、对真理和科学的洞察力；总之，两个意志以及与之相伴的智慧在质量上的任何区别，都是为那种可以一直上升到压服的不平等辩护的。"① 两个在道德上完全平等的人是根本没有的，其实也说明，两个完全平等的人也是根本没有的。从所谓道德上的不平等来得出人与人之间的不平等，以不道德的名义将一些人排除出平等考虑的对象之外，对所谓不道德的人讲不平等、采用任意压制的手段，本身就是违背了人人平等的基本原则。

退却之三是"精神上的不平等"，即面对按照迷信或偏见行动的人，是不能讲平等的，在与这样的人发生争执的时候，是可以通过暴力来进行压服的。这样，杜林又用精神上的不平等排除了两个意志的完全平等。按照这种逻辑，一些国家对落后民族所干的一切可耻行径，都可以被认为是正当的。"在这一冲突中，又是上帝的选民，所谓按照真理和科学行动的人，归根到底也就是现实哲学家，应

---

① ［德］恩格斯：《反杜林论》，《马克思恩格斯文集》第 9 卷，人民出版社 2009 年版，第 108 页。

该去决定什么是迷信、偏见、粗暴和恶癖，什么时候暴力和压服对于恢复平衡是必要的。"① 按照这个逻辑，所谓平等的行动，现在就是通过暴力恢复平衡，就是要通过压服迷信或偏见而让人们按照真理和科学行动。

在深入分析杜林探讨平等问题的方法论的基础上，恩格斯总结性地指出了其问题："这里所涉及的不是历史的发展规律，而是自然规律，是永恒真理。道德和法这样的社会关系，不是由当时历史地存在的条件决定的，而是由著名的两个男人来决定的，两人中的一人或者压迫对方，或者不压迫对方，可惜后一种情况直到现在还从来没有出现过。"②

"两个人的模式"是经不起推敲的。杜林剥夺了现实的人所有的社会关系，从孤立的个人、抽象的个人出发建构理论，这样的人在现实生活中是不可能存在的，"这两个人应当是这样的：他们摆脱

---

① ［德］恩格斯：《反杜林论》，《马克思恩格斯文集》第 9 卷，人民出版社 2009 年版，第 107 页。

② ［德］恩格斯：《反杜林论》，《马克思恩格斯文集》第 9 卷，人民出版社 2009 年版，第 158 页。

了一切现实，摆脱了地球上发生的一切民族的、经济的、政治的和宗教的关系，摆脱了一切性别的和个人的特性，以致留在这两个人身上的除了人这个光秃秃的概念以外，再没有别的什么了，于是，他们当然是'完全平等'了。"① 实际上，只有在两个人失去一切个性以及个人生活的所有特殊条件，摆脱了一切形式的社会关系，成为抽象的人之后，才能是完全平等的，"两个意志的完全平等，只是在这两个意志什么愿望也没有的时候才存在；一当它们不再是抽象的人的意志而转为现实的个人的意志，转为两个现实的人的意志的时候，平等就完结了"②。恩格斯形象犀利地指出，这两个人就是杜林所召来的两个十足的"幽灵"，两个"幽灵"按照他们的召唤者要求做的一切，也因此只是鬼把戏。热衷于两个意志的完全平等的权利、"一般人的主权"这些看似壮丽的字眼，在分析现实上是无力的。

---

① ［德］恩格斯：《反杜林论》，《马克思恩格斯文集》第 9 卷，人民出版社 2009 年版，第 104 页。

② ［德］恩格斯：《反杜林论》，《马克思恩格斯文集》第 9 卷，人民出版社 2009 年版，第 108 页。

对杜林来说，平等是先验的，而现实的不平等只是例外，是需要朝着理念去调适的情形，这种方法"把每一类认识对象分解成它们的所谓最简单的要素，把同样简单的所谓不言而喻的公理应用于这些要素，然后再进一步运用这样得出的结论"①。杜林的思路，恰恰是抛开经济、政治现实，按照所谓的公理来解决问题。杜林从抽象出来的原则出发，将之应用于自然界和人类历史，让自然界和人类去适应原则，这样进入平等问题，只能是思维臆造的平等。现实的人过去和现在如何行动，都始终取决于他们所处的历史条件。研究平等、道德和法的问题，如果不从现实的人及其形成的社会关系入手，而仅从不处于任何历史时期、社会形态的所设想的两个人出发，从没有差别的、独立的、自由的个体假设开始，是断然不可能解决的。

2

搞学术研究，我们深知，理论创新很难。比较

---

① ［德］恩格斯：《反杜林论》，《马克思恩格斯文集》第9卷，人民出版社2009年版，第101页。

容易的是，自认为自己实现了理论创新，但这也容易带来尴尬的局面，那就是有人指出这个所谓的创新早就有人提出。

恩格斯就指出，杜林自以为是重大创新的平等理论，实际上，不过是当时人们的"常识"。这"两个人"其实并不是杜林发现的，而是整个18世纪所共有的。杜林的观点不仅没有达到18世纪的观点的水平，反而"是对18世纪的观点的歪曲"①。

"18世纪的观点"，是谁的观点？恩格斯重点强调了三个人，一个是亚当·斯密，一个是李嘉图，一个是卢梭。在斯密和李嘉图的政治经济学中，"两个人"被设想为各操着不同行业的人，比如猎人和渔夫，他们互相交换自己的产品。而卢梭写于1753年的作品《论人与人之间不平等的起因和基础》，实际上也讲到了两个人。杜林不如这些思想家的地方在于，他们主要是用"两个人"作为说明的例子，而杜林却"把这种举例说明的方法提

---

① ［德］恩格斯：《反杜林论》，《马克思恩格斯文集》第9卷，人民出版社2009年版，第158页。

升为一切社会科学的基本方法和一切历史形态的尺度"①。也就是说，杜林实际上是在"抄作业"，但却没有抄对，进行了裁剪和拼接，把本来就不是很正确的答案搞得更加不对。

恩格斯对卢梭的平等理论进行了评价，给了很大程度的认可。他认为，杜林的平等说只是对卢梭的平等说的"贫乏的和歪曲的复写"②，"在谈到法的时候，除了把卢梭的平等论拙劣地翻译成社会主义语言以外，杜林先生不能给我们提供任何东西"③。卢梭在《论人与人之间不平等的起因和基础》中有什么样的平等观，恩格斯究竟认可到什么程度，为什么会认可，本身就是值得研究的问题。

翻开这本书，我们会发现，卢梭的观点是：人类存在着两种不平等，一种是自然的或生理上的不平等，由自然确定的即由于年龄、健康状况、体

---

① ［德］恩格斯：《反杜林论》，《马克思恩格斯文集》第 9 卷，人民出版社 2009 年版，第 103 页。

② ［德］恩格斯：《反杜林论》，《马克思恩格斯文集》第 9 卷，人民出版社 2009 年版，第 146 页。

③ ［德］恩格斯：《反杜林论》，《马克思恩格斯文集》第 9 卷，人民出版社 2009 年版，第 159 页。

力、智力或心灵的素质的差异而产生的；一种是精神上或政治上的不平等，由习俗产生，经过人们的同意或至少是经过人们的认可而产生，表现在某些人必须损害他人才能享受到的种种特权，例如比他人更富有、更尊荣、更有权势，或者至少能让他人服从自己。

不过似乎本身自相矛盾的是，卢梭又认为，人与人之间生来是平等的，正如在同一种动物的内部本来彼此是平等的一样，不平等现象在人类社会的自然状态中是极不明显的而且其影响几乎是零。卢梭既认为存在着自然的或生理上的不平等，又说人与人之间生来平等，在认定存在着自然的或生理上的不平等之后，卢梭一直强调的是，自然状态或原初状态下人与人之间是平等的。

要消除这种自相矛盾，我们可以理解，卢梭所真正认可的不平等或者说他所探讨的不平等问题是精神上或政治上的不平等，他要探讨的是这种不平等的起源，是人类社会怎么从本来平等的状态进入到不平等的状态，是本来就存在着的自然的或生理上的不平等如何因精神上或政治上的不平等的出现而扩大的过程。

卢梭设想了平等的自然状态以及不平等的社会状态或文明社会的区别，甚至也预设并且强调了自然状态中"野蛮人"的"进步"以及文明状态中的"文明人"的"落后"。卢梭一直在歌颂赞美"野蛮人"，他似乎是在为"野蛮人"辩护，人似乎不是越来越进步，而是越来越退步。这引起了同时代思想家的批判，卢梭曾将此书寄给伏尔泰，伏尔泰给其回信时说道"收到了你诋毁人类的新作"，"从来没有人像你这样花这么多心思使我们变成野兽"。①

人类的不平等是如何出现的呢？是人本身发生变化的结果，是人类社会发生变化的结果。卢梭的观点是，本来彼此平等的人，作为自然状态下的近乎作为动物的人，有一种比其他兽类优越的特性，是因为他具有趋于完善的能力，即往前发展的能力，而这种不断往前发展的能力，就成了不平等的最初原因。"有些人变好了或变坏了，获得了不属于他们固有的或好或坏的品质；而另外一些人却在

———————

① 参见附录《给伏尔泰的回信》，载［法］卢梭：《论人与人之间不平等的起因和基础》，李平沤译，商务印书馆 2015 年版，第 167 页。

较长的时间内依然是原来的样子。这就是人与人之间的不平等之所以产生的最初的根源。"① 这也是恩格斯所总结的卢梭的观点，即人具有可完善性、社会道德和种种潜在能力，推动着原始人摆脱原来的状态。人类在完善理性的同时，也使人类败坏了，在使人变成合群的人的同时，也使人变成了邪恶的人。

在进化的过程中，人们摆脱了孤独的、流动的自然状态而开始进入到共同的、固定的生活状态中。人与人之间的（精神上或政治上的）不平等，其实是同人与人之间天生的差异分不开的。如果才能是相等的，也不会有不平等出现。在不同的人之间，存在着自然禀赋的差异，就是有人身体强壮、头脑聪明、手灵巧，尽管大家的劳动一样，有的人挣得就是比别人多，有的人就连生活都有困难。人们结合在同一个社会里，摆脱了自然状态下的独立生活，共同生活产生了固定联系，正是这种固定联系、共同生活把本来存在的天然差异变成了不平等

---

① ［法］卢梭：《论人与人之间不平等的起因和基础》，李平沤译，商务印书馆 2015 年版，第 36 页。

不平等的风景

的根源。如果人与人之间有差异，但没有生活在一起，也就不会有不平等。正是因为人们的互相依赖和联系，才出现了奴役。在共同构成的社会中，开始出现一个人对另一个人的注视，那些唱歌或跳舞最棒的人，最美、最壮、最灵巧或最善言辞的人，就成了最受尊敬的人，人与人之间就不可避免地会出现威望和权力的不平等，走向人与人之间不平等的第一步从这里踏出。

在这个过程中，私有财产以及私有财产观念的出现，可以说起到了决定性的作用。私有财产的确立是人类进入文明社会的标志，但也是让不平等牢固确立的工具。"从一个人需要别人的帮助之时起，从他感到一个人拥有两个人的食物是大有好处之时起，人与人之间的平等就不存在了，私有财产的观念就开始形成，劳动变成了必要的事情，广大的森林变成了需要用人的汗水浇灌才能变成绿油油的庄稼地；而且，人们不久就发现，随着庄稼地里的收成的到来，奴隶制和贫困也开始产生。"① 随着私有

① ［法］卢梭：《论人与人之间不平等的起因和基础》，李平沤译，商务印书馆 2015 年版，第 96 页。

财产的出现，平等的状态被彻底打破，法律给弱者戴上了新的镣铐，使富人获得了新的权力，开始保障私有财产，承认不平等现象，不平等现象达到了顶点。

总体上看，"不平等现象在自然状态中几乎是不存在的；它之得以产生和继续发展，是得助于我们的能力的发展和人类知识的进步，并最终是由私有制的出现和法律的实施而变得十分牢固和合法的"[①]。

尽管卢梭的论证和观点，恩格斯不一定满意，但以历史的视角、辩证的观点进入到对平等的探讨，这是恩格斯所认同的。"我们在卢梭那里不仅已经可以看到那种和马克思《资本论》中所遵循的完全相同的思想进程，而且还在他的详细叙述中可以看到和马克思所使用的完全相同的整整一系列辩证的说法：按本性说是对抗的、包含着矛盾的过程，一个极端向它的反面的转化，最后，作为整个

[①] ［法］卢梭：《论人与人之间不平等的起因和基础》，李平沤译，商务印书馆 2015 年版，第 124 页。

过程的核心的否定的否定。"① 在恩格斯看来，"卢梭把不平等的产生看做一种进步。但是这种进步是对抗性的，它同时又是一种退步"②。卢梭的平等说贯穿了黑格尔的否定的否定方法，是以辩证法的视角看待历史、看待人类平等进程的体现。

恩格斯记下了卢梭写的这句话："文明每前进一步，不平等也同时前进一步。随着文明而产生的社会为自己所建立的一切机构，都转变为它们原来的目的的反面。"③ 这个观点显然是马克思、恩格斯所认同的，他们并不是把文明看作完全进步的词汇，而且一直强调文明背后的"阴暗面"。

恩格斯没有停留在卢梭对不平等起源的观点上，揭示了不平等的起源，就宣告结束了。他继续向前探讨，指出真正的平等，恰恰是在不平等出现后的结果，这才是否定之否定的结果，即通往平

---

① ［德］恩格斯：《反杜林论》，《马克思恩格斯文集》第 9 卷，人民出版社 2009 年版，第 147—148 页。

② ［德］恩格斯：《反杜林论》，《马克思恩格斯文集》第 9 卷，人民出版社 2009 年版，第 147 页。

③ ［德］恩格斯：《反杜林论》，《马克思恩格斯文集》第 9 卷，人民出版社 2009 年版，第 147 页。

等。卢梭只讲到，人们拥立国君是为了保护自己的自由，但这些国君成为人民的压迫者。恩格斯继续写道，国君把压迫加重到这样的地步，使得登峰造极的不平等又重新转变为自己的反面，成为平等的原因。这样，不平等又重新转变为平等，但不是转变为原始人的旧的自发的平等，而是转变为更高级的社会契约的平等。压迫者被压迫，人与人之间走向平等。这是否定的否定。

以上对我们的启示是，历史并不是只有一副面孔，不要把历史看得过于单纯，看得过于简单。历史是复杂的。历史不是只有进步的主线、文明的主线，并不是只有进步的节奏，进步往往是对抗和冲突的结果。历史唯物主义之所以是唯物的、是历史的，就在于它不是从人们理想的原则出发，不是过度乐观地看待发展进程，不是只一味强调前景光明，而是基于人类社会现实，以冷峻的眼光看待历史进程，看到每一次进步背后的代价，看到从进步到落后的转化。

二、从"古老的平等"到"现代的平等"

平等观念本身是一种历史的产物，这个观念的形成，需要全部以往的历史，因此它不是自古以来就作为真理而存在的。现在，在大多数人看来，它在原则上是不言而喻的，这不是由于它具有公理的性质，而是由于18世纪的思想的传播。

1

平等可以作为价值观念，也可以作为社会现实。即使人人都信奉平等、追求平等，社会现实也可能是不平等的。在人类社会历史上，平等的价值观念有一个出场的过程，平等社会的实现也有一个漫长的过程。

我们不能认为平等是永恒的、绝对的真理，是人类社会始终伴随的价值观念，也不应认为人类社会历史是从不平等到实现平等的过程，因此抹杀了历史的进程、平等的历程。

在原始社会，在进入阶级社会前，"在实行土地公有制的氏族公社或农村公社中（一切文明民族都是同这种公社一起或带着它的非常明显的残余进入历史的），相当平等地分配产品，完全是不言而喻的；如果成员之间在分配方面发生了比较大的不平等，那么，这就已经是公社开始解体的标志了"①。

在这个历史时期，对平等的追求不可能出现。"平等"作为观念，实际上是在不平等的社会并随着人们的逐渐觉醒才会被看重的。原本就是平等的社会，谁还会提出平等的观念、建构平等的理论呢？

随着原始公社的解体，人类社会进入到奴隶社会，不平等的社会出现了，平等观念才开始正式出现。也就是说，在恩格斯看来，"平等"并不是启

---

① ［德］恩格斯：《反杜林论》，《马克思恩格斯文集》第9卷，人民出版社2009年版，第154页。

蒙运动时期才出现的，也不是现代社会才开始被推出的概念，而是一种非常古老的观念。他指出："一切人，作为人来说，都有某些共同点，在这些共同点所及的范围内，他们是平等的，这样的观念自然是非常古老的。"①

这种非常古老的平等观念或者说这种平等的原始观念强调的是，所有人都应该被作为人看待，不能把人不当成人，不能把一部分人当成动物，即使是奴隶，他们作为人的属性也不能被否定。与其相对立的观念是，奴隶不是人，他们不能被当成人看待，而只是可以被任意打骂甚至杀害的"牛马"。

电影《孔子》描述过一个场景，鲁国重臣季平子去世，葬礼依然沿用人殉的制度。一个殉葬的小奴隶逃跑，孔子的学生子路救下逃奴，季桓子的家臣率兵追至孔子家中，刚回家的孔子保护了逃跑的奴隶。朝堂之上一场围绕该不该用人殉葬的争论便开始了，季桓子强调"以人陪葬原是古礼"；孔子则说的是"以礼杀人则非礼也"，仁者爱人，己所

---

① ［德］恩格斯：《反杜林论》，《马克思恩格斯文集》第 9 卷，人民出版社 2009 年版，第 109 页。

不欲，勿施于人，应彻底废除以活人殉葬的恶俗。季桓子当场作出让步，将逃奴释放。

这个故事完全可以理解为关于"古老的平等"的争论。以恩格斯的评价标准，电影中的孔子无疑是这种古老的平等观念的持有者，面对着强大的"有些人就不是人"的不平等论调，他坚决捍卫了"人之为人本该都被看作人而不应该被看作牛马"的平等。

我们不能否定这种的"古老的平等"在当时的价值，应该看到它的确立也不是容易的事情。依今天的眼光看，这种古老的平等观念所立足的社会根本谈不上平等，其观念本身也有明显的缺陷。它针对的对象是有限的，不是针对所有人来讲的平等，即使是在最古老的自然形成的公社中，最多只能谈得上公社成员之间的平等权利，妇女、奴隶和外地人自然不在此列。在古希腊罗马人看来，讲一切人的平等，不仅是发疯的，而且是犯罪的。恩格斯指出了这一点，"如果认为希腊人和野蛮人、自由民和奴隶、公民和被保护民、罗马的公民和罗马的臣民（该词是在广义上使用的），都可以要求平等的政治地位，那么这在古代人看来必定是发了疯"①。
不平等在古代人的头脑中根深蒂固，可以把人都看
成人，但也同时把一部分人看成高人一等或低人一
等，人们更加信奉的是人与人之间天生的不平等。
由此可见，平等观念不是自古以来就作为真理而存
在的。

　　古老的平等观念与特权制、等级制是并存的。
以今天的眼光看，它还没有把所有人当成有同等政
治地位、政治权利的人，人与人之间是有等级之分
的，一部分人享有世袭的特权，一部分人则为奴为
婢、天生低贱。今天无论再怎么美化主人和奴隶之
间的关系，都不能否定这种主、奴之间的对立。当
然，恩格斯并没有完全否定古代社会所取得的进
步，他指出，在罗马帝国时期，除自由民和奴隶外
人与人之间的区别都逐渐消失了，而且至少对自由
民来说产生了私人的平等，在这种平等的基础上罗
马法发展起来了，这是以私有制为基础的法的最完
备形式。但自由民和奴隶之间的对立还是存在的，

---

　　①　［德］恩格斯：《反杜林论》，《马克思恩格斯文集》第 9 卷，
人民出版社 2009 年版，第 109 页。

拥有特权者和普通民众之间的对立还是存在的，还谈不上从一般人的平等得出法的结论。

在人类社会的历程中，一直存在着对抗，平等的因素和不平等的力量一直在博弈，但最终是不平等的力量占据主导地位。恩格斯还特别讲到了近代以来基督教在平等方面所起到过的作用和最终走向的倒退。基督教在平等问题上曾经具有进步性，一方面它承认一切人的一种平等，即原罪的平等，这是一切人作为罪人在上帝面前消极的平等；另一方面它承认上帝的选民的平等，比如那些被基督的仁慈和血拯救过来的上帝的孩子们的平等。之所以有如此主张，是因为基督教曾经是奴隶和被压迫者的宗教，被压迫者、被放逐者、遭排挤者、受迫害者需要团结合作、需要反抗压迫者，自然要追求人与人的、上帝的选民的平等。但这种平等只是在基督教刚开始时才被强调过，随着基督教在西方社会地位的确立，尤其是不再作为被压迫者的宗教，平等的因素就退居次要地位。教徒和非教徒，或者说僧侣和俗人、正教徒和异教徒的对立，很快就使这种基督教平等的萌芽归于消失。西方国家进入中世纪，日耳曼人在西欧的横行，逐渐建立了空前复杂的社会和政治的等级制度，从而在几个世纪内消除了一切平等观念。恩格斯如此来描述日耳曼人，明显指向的是日耳曼人开启了欧洲的中世纪，建立了一套等级制度。

人与人之间的平等作为观念被认同并不容易，漫长的人类社会发展进程中，我们所接受的是人与人之间就是有三六九等，这符合自然规律也符合人类社会的架构。古老的平等在政治地位、法律领域追求的最高程度的平等中，可以说是"王子犯法与庶民同罪"。要记住，这只是在犯法层面上，在政治地位、法律领域上，王子与庶民明显有着区分。而且，君主、帝王则并不受此约束，因为君主、帝王本身就作为法而言，也就没有犯法之说。这是很正常的，不会被认为违背了平等。

2

"现代的平等"的观念，是从古老的平等的观念中逐渐得出的，是从古老的平等要求中引申出来的，即从人的共同特性、所有人共同作为人而言的平等中引申出来的，它的确立经过了长期的历史进程,"要从这种相对平等的原始观念中得出国家和社会中的平等权利的结论,要使这个结论甚至能够成为某种自然而然的、不言而喻的东西,必然要经过而且确实已经经过几千年"①。

现代的平等,强调的是所有人在国家和社会中的权利的平等,它是这样的要求,"一切人,或至少是一个国家的一切公民,或一个社会的一切成员,都应当有平等的政治地位和社会地位"②,它是"权利的公平和平等,是18、19世纪的资产者打算在封建制的不公平、不平等和特权的废墟上建立他们的社会大厦的基石"③。现代平等的理论和实践,可以说终结了特权和等级制度,终结了奴隶和臣民制度。最终确立的是,所有人生而平等,在法律面前人人平等,无论在经济社会关系中处于何种位置,无论是何性别、有何种信仰、从事何种工作,都作为平等的公民拥有同等的政治地位,每个人的

---

① 〔德〕恩格斯:《反杜林论》,《马克思恩格斯文集》第9卷,人民出版社2009年版,第109页。

② 〔德〕恩格斯:《反杜林论》,《马克思恩格斯文集》第9卷,人民出版社2009年版,第109页。

③ 〔德〕恩格斯:《马克思和洛贝尔图斯》,《马克思恩格斯文集》第4卷,人民出版社2009年版,第205页。

各种权利被法律平等保障。这种现代的平等因此可以说就是政治平等、法律平等（权利平等）。

应该说明的是，虽然政治平等与法律平等有共同点，真正意义上的法律平等要以政治平等为基础，由法律保障的政治领域的平等权利、平等地位，也就是政治平等，但二者也不完全等同。政治平等侧重于每个人拥有平等的政治权利和政治地位；法律平等强调每个人拥有平等的权利，不仅包括政治权利和自由的平等，也包括财产权等经济权利的平等。

恩格斯不仅指出了现代平等观念的具体要求，还指出了现代平等观念能够确立下来的原因之所在。现代平等的观念为什么能够确立下来？不是无缘无故确立的，不是自然而然就确立的，背后是由人类社会历史条件决定的。前提条件是欧洲逐渐有了现代意义上的民族国家，建立了由互相影响和互相防范的、主要是民族国家所组成的体系，在这个基础上才有可能谈人的平等和人权的问题。

现代平等的确立，与一个新兴的阶级登上历史舞台有关，这就是资产阶级。恩格斯指出："在封建的中世纪的内部孕育了这样一个阶级，这个阶级在它进一步的发展中，注定成为现代平等要求的代表者，这就是资产阶级。"① 在这个文本中，恩格斯花了一定的笔墨来讲述资产阶级产生的历史。在他看来，资产阶级最初是一个封建等级，随着15世纪末海上航路的发现，贸易范围从欧洲向美洲以及其他各大洲的扩大，开辟出更加广阔的活动场所，封建社会内部的工业和产品交换发展到较高水平，随着黄金和白银在欧洲泛滥，工场手工业逐渐代替手工业，资产阶级这个新兴的力量取得了经济上的强势地位，登上了历史舞台，成为代表历史发展趋势的"革命"阶级。

按照恩格斯的说法，社会日益成为资产阶级社会，但国家制度仍然是封建的，资产阶级社会与封建阶级国家之间形成对立的局面，资产阶级社会必然对国家制度带来冲击。资产阶级必然要求争取平等的权利，要求废除封建特惠、贵族免税权以及个别等级的政治特权，具体而言，资产阶级从三个方面对现代平等提出了要求：其一，大规模的贸易包

---

① ［德］恩格斯：《反杜林论》，《马克思恩格斯文集》第9卷，人民出版社2009年版，第110页。

括国际贸易、世界贸易，需要有自由的、在行动上不受限制的商品占有者，根据平等的权利进行交换。其二，工场手工业，需要一定数量的摆脱行会束缚的自由工人与厂主订立契约出租他们的劳动力，要求作为缔约的一方和厂主权利平等。其三，人的劳动越来越作为一般人类劳动，作为生产商品的劳动，越来越体现为生产价值的抽象劳动，越来越具有等同性和同等意义，"平等观念产生于商品生产中一般人类劳动的等同性"①。现代平等观念的根源正在于以商品生产和交换为目标的生产方式下人类劳动越来越具有等同性，这是从资产阶级社会的经济条件推导出现代平等观念，体现了马克思、恩格斯平等理论的深刻性。

当然，不是有了平等权利的要求，产生了现代平等的观念，就能建立符合现代平等要求的政治法律制度，确立符合现代平等观念的现实社会形态。恩格斯在这时强调的基本观点是，"社会的政治结构决不是紧跟着社会经济生活条件的这种剧烈的变

---

① ［德］恩格斯：《反杜林论》，《马克思恩格斯文集》第9卷，人民出版社 2009 年版，第 354 页。

革立即发生相应的改变"①，"在经济关系要求自由和平等权利的地方，政治制度却每一步都以行会束缚和各种特权同它对抗"②，"无论在哪里，道路都不是自由通行的，对资产阶级竞争者来说机会都不是平等的，而自由通行和机会平等是首要的和愈益迫切的要求"③。这也正是资产阶级革命爆发的原因，也正是自由、平等、博爱、人权成为其口号的原因。

历史的进步是不可阻挡的，社会的经济进步，生产方式和交换方式的变化，把摆脱封建桎梏和通过消除封建不平等来确立平等权利的要求提上日程，而且一旦提上日程，这种要求就必然迅速地扩大其范围。扩大范围首先体现在扩大到更多的群体，广大农民也要求同等的平等权利；其次体现为扩大到更多的国家，这种平等的要求获得了普遍

① ［德］恩格斯：《反杜林论》，《马克思恩格斯文集》第9卷，人民出版社2009年版，第110页。

② ［德］恩格斯：《反杜林论》，《马克思恩格斯文集》第9卷，人民出版社2009年版，第111页。

③ ［德］恩格斯：《反杜林论》，《马克思恩格斯文集》第9卷，人民出版社2009年版，第111页。

的、超出个别国家范围的性质。正是在这样的社会背景下，18世纪的思想家抓住平等话题，使其得到普遍传播。

恩格斯不仅揭示了现代平等的要求，而且也揭示了现代平等要求之所以产生的社会历史根源。现代平等不是忽然出现，而是由历史条件、社会经济生活条件、阶级变化所决定。平等的观念不是无缘无故生成的，这不是杜林所讲的所谓的撇开历史进程的公理，而是人类社会历史演进的过程。平等被认可，不是因为它是永恒公理，它不是自然的，它是时代的产物、历史的产物，离不开时代背景的转换，离不开人类社会的进程，当然也离不开这些思想家的理论建构。

三、"平等＝正义"命题的生成

　　为了得出平等＝正义的命题，几乎用了以往的全部历史，而这只有在有了资产阶级和无产阶级的时候才能做到。

1

　　现代平等所取得的成就，在恩格斯看来有一个重要的体现，那就是得出了"平等＝正义"的命题。"平等是正义的表现，是完善的政治制度或社会制度的原则，这一观念完全是历史地产生的"①，"为了得出平等＝正义的命题，几乎用了以往的全部历史，而这只有在有了资产阶级和无产阶级的时

---

　　① ［德］恩格斯：《反杜林论》，《马克思恩格斯文集》第9卷，人民出版社2009年版，第352页。

候才能做到"①。这是恩格斯在准备材料中写出的观点，在正文中并没有系统阐述。认真去深思，就会发现这一看似不经意提出的观点，对于我们理解平等和正义的关系具有启发意义。恩格斯实际上提供了思考两者关系的视野和方法，那就是从正义和平等在历史进程中出现、从两者最终等同起来所蕴含的深意来理解。

通过恩格斯的论断，我们可以认为，在漫长的历史进程中，人类社会的正义是不讲平等的正义，特权和等级是合法的，是具有正当性的，并不与正义相冲突。

柏拉图设计的理想国是很典型的例证，在他看来，正义的社会就是人人各司其职、各守其序、各得其所的社会，每个人做最适合自己天性的职务，"在国家里各做各的事不相互干扰时，就有了正义"。柏拉图所设想这个理想国是正义国，是各个等级之间不可逾越、各自遵守本分的正义国。这个正义国，不仅不反对等级之分，还要强化这个等级

---

① ［德］恩格斯：《反杜林论》，《马克思恩格斯文集》第9卷，人民出版社 2009 年版，第 353 页。

之分。维护这种等级之分，反倒是正义的。讲正义，归根结底所要求的是每个人都要安于自己的等级地位，培育这个等级所要求的德性，做好这个等级要求做的事情。

亚里士多德在谈论正义话题的时候，倒是强调了平等。在他看来，"要使事物合于正义（公平），须有毫无偏私的权衡；法律恰恰正是这样一个中道的权衡"①。毫无偏私的、中道的权衡就是合乎正义的，但这种平等也并不是要承认人与人的平等地位基础上的平衡。亚里士多德认为，一种政治体制在任何方面都要求一律地遵循绝对平等观念，就注定不是良好的政体，"正当的途径应该是分别在某些方面以数量平等，而另些方面则以比值平等为原则"②。从合理的角度看，这确实有助于打破绝对平等的困境，问题则在于这实际上又承认了不平等。他认为，"法律规定所谓平等，就是穷人不占富人的便宜：两者处于同样的地位，谁都不做对

①　［古希腊］亚里士多德：《政治学》，吴寿彭译，商务印书馆1965年版，第169页。

②　［古希腊］亚里士多德：《政治学》，吴寿彭译，商务印书馆1965年版，第235页。

方的主宰"①。正是在正义的名义下，在今天看来不能接受的不平等被认为是理所当然的，是合乎法律的。

这种不包含平等诉求的正义论的理论和实践，说明正义有独立于平等的一面，它可以不把平等作为前提，不讲法律面前人人平等，不讲每个人都有平等的政治地位，也可以讲正义。其中的道理正是每个人本来就不同，有出身、身份、职业、品性、能力、颜值等众多方面的不同，也应该有不同的地位、不同的所得、不同的回报，法律应该允许并保障这种地位的不同。

人类社会政治进步的标志是，平等成为正义不可或缺的内容，而且成为正义的首要前提。现代社会的正义是与特权、等级水火不容的。没有平等就没有正义，这是从平等看待正义的理路。当今时代的正义实践，必然要排除有权力、财产、知识或某方面特殊才能的人享有超越法律和政治上的特权地位，确保所有社会成员具有同等的法

① ［古希腊］亚里士多德：《政治学》，吴寿彭译，商务印书馆1965年版，第189—190页。

人类社会政治进步的标志是，平等成为正义不可或缺的内容，而且成为正义的首要前提。

不可或缺

律权利和平等的政治地位。

2

问题在于，只要追求平等，就有可能会冲击正义。正义最核心的内容是得其所应得，一个人或一部分人没有得到其所应得的，就是不正义的，这是古今中外的哲学家、思想家基本上都认同的。

正义因此天然包含着有差别地对待个人、不平等地对待个人的意思。平等则天然地含有同等、平均、均等之意，有同质化、同等化个人的内在机理，如果没有此意，可能平等就没有独特性了，就可以被正义或自由所替代了。这意味着，过度地追求平等，对正义本身也可能会是一种伤害。

实际上，正义不能简单归结为得其所应得，它同时应包含有"能其所应能"（尽自己能力做对他人和对社会有益的事情）、"尽其所应尽"（对他人和社会尽应尽的义务、责任）的意思，它理应强调的是每个人在经济社会政治领域扮演好各自的角色，承担起应该承担的责任和义务，获得与其自身能力和付出相适应的利益和所得（不仅仅是经济利益)。

为此,我们有必要对平等进行趋向正义的理解。讲平等,不能只讲人与人之间的权利平等、地位平等(在日常生活中谈论平等往往只是突出了这一点),还要讲义务平等、责任平等,要讲权利与义务、权力与责任的对等。如此理解平等,它才与正义包含的意思相一致。

追求正义,也可能会冲击平等,历史上没有平等的正义的存在,已经提供了"前车之鉴"。"得其所应得"天然地与每个人"同等所得"有冲突,只要保留有差别地对待每个个体的正当性,就会容易让人们认同一部分人拥有特权、拥有高于他人的权利和地位的正当性,接受"这都是他们所应得的""谁让他们能力强、付出多、贡献大"等观念,认为政治不平等是理所应当、自然而然的。

也就是说,如果不讲法律面前人人平等,在追求正义的名义下,就会重新沦落到传统社会的没有平等的正义中。因此,正义必须被平等所约束,必须确立平等尤其是政治平等、法律平等在正义中不可动摇的地位。

3

从马克思、恩格斯的论述中，能明显看到他们对这种现代平等理念本身以及对这种平等理论所发挥的实际作用的认同。恩格斯看到广大公众对现代平等的广泛认同，甚至已经成为马克思所讲的"国民的牢固的成见"，平等观念通过卢梭发挥了理论的作用，在大革命中和大革命之后起了一种实际的政治作用，在当时几乎所有国家的社会主义运动中起着巨大的鼓动作用。恩格斯认定，平等观念的科学内容的确立，也将确定它对无产阶级鼓动的价值。

但在之后的理论研究者也包括现如今我们一些人的观念中，马克思、恩格斯整体上对现代平等持批判态度，把平等当成资产阶级的口号和资产阶级统治的工具，认定人人平等只是名义上的，实际上则是少数人的、一部分人的平等，是形式上的平等而不是实质意义上的平等。

正是因为有这种理解，长期以来平等往往被看作自由主义的话题，在马克思主义理论领域很少被公开进行讨论，平等（公平、正义）一直没有作为关键词出现在马克思主义基本原理中，在实际的政治生活中，对政治平等、法律平等甚至平等并没有突出强调，甚至还导致在追求实质意义上的平等的过程中践踏一些人作为公民的合法平等权利的现象。

历史要在继承中发展，轻易地否定已经确立的进步的理念、目标和实践，不符合社会发展的客观规律，也就违背了唯物史观的基本精神。恩格斯强调，这种平等观念在历史上的积极作用不能被否定，它强调的政治平等和法律平等是值得追求的目标，不仅是恩格斯生活的那个时代应该追求的目标，也是今天我们这个时代应该追求的目标。

以历史的眼光看现代平等，自然应该强调它的进步作用。人类社会的平等事业要循序渐进，争取平等的政治权利、法律权利是必要的一步，没有这一步就谈不上下一步，如果因为其局限性就完全否定这一步，便不会推动历史往前走，只会导致历史的倒退。这一点可以在马克思、恩格斯对德国"真正的"社会主义流派的批判中获得启发，他们认为，这一流派"把社会主义的要求同政治运动对立起来，用诅咒异端邪说的传统办法诅咒自由主义，诅咒代议制国家，诅咒资产阶级的竞争、资产阶级的新闻出版自由、资产阶级的法、资产阶级的自由和平等，并且向人民群众大肆宣扬，说什么在这个资产阶级运动中，人民群众非但一无所得，反而会失去一切"①。

不能不顾历史条件去谈论平等、追求平等，也不能不顾历史条件批判所谓资产阶级的平等。今天追求平等，它也要打破特权和等级制度，也要追求法律面前人人平等，也要一视同仁地保障公民的政治权利。即使历史条件发生变化，也要以历史为前提，而不能无视已经取得的成就，不能因为这些成就有缺陷就否定它而推倒重来。那些没有理解马克思、恩格斯的人，往往会批判法律成为阶级统治的工具，因而不相信政治上的平等、法律上的平等。实际上，强调阶级问题，不代表就否定政治上的平等，必须在承认公民权利的基础上、在承认法律和政治上平等地位的基础上去思考阶级问题，在不断促进生产发展、社会进步中解决阶级问题。

---

① ［德］马克思、恩格斯：《共产党宣言》，《马克思恩格斯文集》第 2 卷，人民出版社 2009 年版，第 59 页。

　　法律平等、政治平等不能用虚伪的、形式的平等来定性，如果说成是形式上的平等，那也有必要明确，形式上的平等也是平等，不能在追求实质平等的名义下不要形式上的平等。我们以往指责的是流于形式的平等，但并不否定平等也应该有必要的形式，况且法律的形式、政治的形式也不是无关紧要的形式，反而是十分重要的形式。

　　马克思主义追求的平等，实际上包含自由主义的平等或资产阶级的平等（如果这个词还使用的话），而不是与之对立的，更不是将其说成虚伪的而一概否认，它在理论上要给政治平等、法律平等一席之地，而且要看作基础性的部分，它在实践中必然要主张进一步推进并切实实现政治平等和法律平等。

　　理解马克思、恩格斯的平等论，应该明白他们是从历史进步、未来发展的角度来看待现代平等问题的，也就是从大多数人的自由而全面发展的角度去谈论平等的。基于这种理想追求以及尽快让同时代人摆脱现代平等观造成的思想迷雾这一现实考量，他们特别强调现代平等理论及其实践的局限性，但强调这种局限性，并不代表他们会否定其进步意义，会否定它是值得追求的事业。

四、现代平等理论与实践的局限

现在我们知道，这个理性的王国不过是资产阶级的理想化的王国；永恒的正义在资产阶级的司法中得到实现；平等归结为法律面前的资产阶级的平等；被宣布为最主要的人权之一的是资产阶级的所有权；而理性的国家、卢梭的社会契约在实践中表现为，而且也只能表现为资产阶级的民主共和国。

1

面对现代平等的价值观念和实践，既要承认它推动人类社会进步的积极作用，也不能无视它存在的矛盾局限而放弃对未来平等走向的追求。现代平等的问题，首先表现为理论与实践的脱节，也就是说平等的理论近乎完美，平等的实践却满是残缺，而且近乎完美的平等理论，遮蔽了残缺的平等实践。

在《反杜林论》的概论部分，恩格斯表达了这一层意思，启蒙思想家对宗教、自然观、社会、国家制度都进行了最无情的批判，对以往的一切社会形式和国家形式、一切传统观念，都当作不合理性的东西进行了抛弃。他们宣告的是："从今以后，迷信、非正义、特权和压迫，必将为永恒的真理、永恒的正义、基于自然的平等和不可剥夺的人权所取代。"① 但实际情况是："这个理性的王国不过是资产阶级的理想化的王国；永恒的正义在资产阶级的司法中得到实现；平等归结为法律面前的资产阶级的平等；被宣布为最主要的人权之一的是资产阶级的所有权；而理性的国家、卢梭的社会契约在实践中表现为，而且也只能表现为资产阶级的民主共和国。"②

法律规定的权利平等，事实上并不是启蒙思想

---

① ［德］恩格斯：《反杜林论》，《马克思恩格斯文集》第9卷，人民出版社2009年版，第20页。

② ［德］恩格斯：《反杜林论》，《马克思恩格斯文集》第9卷，人民出版社2009年版，第20页。

家所宣称的"所有人"的平等，而只是"法律面前的资产阶级的平等"。"所有人"一开始就不是所有人，虽然声称所有人都拥有平等的政治权利和政治地位，并造成人人已经获得政治权利、政治地位平等的表象，但实际上并不是，人人平等的追求没有成为事实。

归根结底，资产阶级是现代平等要求的代表者，现代平等实际上是有利于资产阶级统治的。恩格斯指出，自由和平等在资产阶级国家被宣布为人权，"这种人权的特殊资产阶级性质的典型表现是美国宪法，它最先承认了人权，同时确认了存在于美国的有色人种奴隶制：阶级特权不受法律保护，种族特权被神圣化"①。以现代平等理论为基础、关乎自由和平等人权的美国宪法，不承认阶级特权，但却将种族特权神圣化，美国的有色人种奴隶制并没有消除，反而还得到了确认。

美国政治学家达尔（Robert Alan Dahl）在《论政治平等》一书中指出，政治平等远远没有成为现

---

① ［德］恩格斯：《反杜林论》，《马克思恩格斯文集》第 9 卷，人民出版社 2009 年版，第 112 页。

实，在追求的平等目标和实际成果之间、书面的政治平等与现实的政治平等之间还存在很大的鸿沟。书中"曝光了"美国《独立宣言》的作者们和 1766 年投票通过该宣言的 55 位代表的一个不愿为人道的"丑闻"：尽管《独立宣言》记载着"所有人生而平等"的名言，但这些作者和投票者没有人想要扩大选举权，没有给予作为妻子、女儿、母亲的女性同等的政治和公民权利，更不想给他们的奴隶，也包括非洲裔的自由人与白人男性公民同等的权利。作为主要起草人的杰弗逊拥有几百个奴隶，在他活着的时候，这些奴隶并没有获得自由。[①]"所有人"从来不是包括所有人，即使形式上平等的政治权利和政治地位也没有给他们。直到今天，我们都不敢说这种政治平等覆盖到了"所有人"。

2

现代平等理论的问题还体现在，它关注政治平

---

① 参见［美］罗伯特·A. 达尔：《论政治平等》，谢岳译，上海人民出版社 2014 年版，第 11—12 页。

现实的不平等

等、法律平等，更多的是关心人的权利，而不是关心现实的人。平等的内容"限于权利的平等"，它赋予人平等的权利，虽然形式上做到政治法律上的一视同仁，但它并不关心处于生产关系中从事物质生产的现实的人，并不关心经济社会中人的不平等，甚至认为只要保障了政治权利的平等，就可以容忍经济地位、社会地位的不平等。

政治平等或法律平等，是建立在富人和穷人不平等的基础之上的，这与亚里士多德讲平等和正义时的情形相似。在不同时期的作品中，恩格斯始终强调，"法律上的平等就是在富人和穷人不平等的前提下的平等，即限制在目前主要的不平等的范围内的平等，简括地说，就是简直把不平等叫做平等"①。资产阶级的平等要求又是不彻底的。这是因为它还只停留在政治权利的平等上，未涉及社会和经济地位上的平等，而没有后者的进一步实现，前者的实现可能就是空话。

在马克思、恩格斯看来，虽然政治权利上的平

---

① ［德］恩格斯：《德国状况》，《马克思恩格斯全集》第 2 卷，人民出版社 1957 年版，第 648 页

等与现实经济生活中的不平等表面上看起来是极为矛盾的，但实际上并不矛盾，赋予每个人平等的政治权利正是资本逻辑主导下的商品经济、市场经济的必然要求，"商品是天生的平等派"①，"劳动力占有者和货币占有者在市场上相遇，彼此作为身份平等的商品占有者发生关系，所不同的只是一个是买者，一个是卖者，因此双方是在法律上平等的人"②。

现代社会要在最大程度上保障人与人之间的买卖平等，以及由买卖平等引申出来的政治权利平等。买卖双方都具有独立的意志和自由，都必须尊重对方的平等地位，都必须经对方同意才能发生买卖行为。劳动力占有者和货币占有者在买卖关系中的地位也是平等的，而且其平等地位、平等关系都是由法律所保障的。

在买卖关系完成之后进入生产领域，双方权利的平等地位也是被保障的，资本所有者不能随

---

① ［德］马克思：《资本论》，《马克思恩格斯文集》第 5 卷，人民出版社 2009 年版，第 104 页。

② ［德］马克思：《资本论》，《马克思恩格斯文集》第 5 卷，人民出版社 2009 年版，第 195 页。

意剥夺法律赋予劳动者一方的权利，比如获得报
酬、人身安全、休息等，同样劳动力占有者也不
能侵犯资本的权利，资本的权利就是要求劳动者
为资本进行生产，听从资本的指挥进行生产。拥
有各自权利的双方的经济地位显然是不同的，资
本是劳动的物质条件，资本支配着劳动因而支配
着劳动者，不能以权利平等的名义要求劳动者与
资本所有者具有平等的地位。在物质生产关系领
域，实际上不存在公民与公民的平等关系，存在
的是阶级与阶级的关系，这种阶级关系显然是现
代平等所认可的。

　　法律的平等权利实际上容忍了资本所有者与劳
动者之间的经济地位不平等，政治地位的平等与经
济地位的不平等是同时存在的。从这个意义上说，
"至于不同的阶级地位给予一方的权力，以及这一
权力加于另一方的压迫，即双方实际的经济地
位——这是与法律毫不相干的。在劳动契约有效期
间，只要此方或彼方没有明白表示放弃，双方仍然
被认为是权利平等的。至于经济地位迫使工人甚至
把最后一点表面上的平等权利也放弃掉，这又是与

法律无关的"[①]。

法律平等不仅对于现实生活中的实际不平等无能为力，甚至还是以保障这种不平等为前提的，也就是从这个意义上说，现代平等最后实现的只是少数人的权利，最终成为一部分人统治另一部分人的政治口号或虚假的意识形态，这种平等口号流于形式，具有虚伪性和虚假性。道理很简单，平等保障财产权，前提是人人得有财产，如果一部分人拥有财产，一部分人没有财产，那看似受到平等保障的财产权只是有财产之人的财产权；如果一部分人拥有大量财富，一部分人只有少得可怜的财富，而且前者依靠后者维系财富，那这样的法律平等和政治平等就会沦为形式。

3

现代平等理论的问题还在于，把人按照同一标准来框定，忽略了人的能力和天赋本身的差异性，

---

① ［德］恩格斯：《家庭、私有制和国家的起源》，《马克思恩格斯文集》第 4 卷，人民出版社 2009 年版，第 86 页。

实际上就在赋予人平等权利的同时带来了人与人之间的不平等。看似给人平等的权利,对一些人来说实际上是不平等、不公平的。

在这个问题上,马克思专门针对"平等的权利"对人的同质化进行批判。在《哥达纲领批判》中,针对受拉萨尔主义影响的《德国工人党纲领》所主张的"劳动所得应当不折不扣和按照平等的权利属于社会一切成员",他写道:"这种平等的权利,对不同等的劳动来说是不平等的权利。它不承认任何阶级差别,因为每个人都像其他人一样只是劳动者;但是它默认,劳动者的不同等的个人天赋,从而不同等的工作能力,是天然特权。所以就它的内容来讲,它像一切权利一样是一种不平等的权利。"①

也就是说,"平等的权利"即按劳分配的平等权利虽然是建立在阶级差别已经消失的基础上,但在强调一切社会成员平等的时候,在事实上具有不同个性的劳动者又被劳动这个同一尺度同质化了,

---

① [德]马克思:《哥达纲领批判》,《马克思恩格斯文集》第3卷,人民出版社2009年版,第428、435页。

以劳动能力大小作为评价社会成员的唯一标准，从而抹杀了人的不同家庭和社会关系、天赋、素质、能力、个性等方面的差别。谁劳动能力强谁就能获得更多，即便是同等劳动获得同等报酬，也会因诸如家庭劳动成员的多寡而影响最终实际得到的份额，也就不能使他们处在平等的地位。

建立在劳动基础上的平等，实际上掩盖了其他方面的不平等。一切权利只要选定了同一标准，对于存在差异的社会成员来说就总是有不平等的地方，平等的权利总意味着不平等，因为它本身就选择了一个标准，容忍了一定方面的不平等存在。

平等的权利如同平等的逻辑，都是把所有人用同一尺度来衡量。在阶级社会讲平等的权利，等于抹杀了阶级差别和经济社会地位的不平等；在阶级差别已经消除的社会讲平等的权利，则抹杀了人的个性差别。平等的根本问题正是把人同质化，把本来就不同且存在差异的个人进行了同一化的处理。这种平等因为不能关注现实的活生生的人的差异，而必然沦为"抽象的平等理论"。恩格斯指出："抽象的平等理论，即使在今天以及在今后较长的时期里，也都是荒谬的。没有一个社会主义的无产者或理论家想到要承认自己同布须曼人或火地岛人之间、哪怕同农民或半封建农业短工之间的抽象平等；这一点只要是在欧洲的土地上一被消除，抽象平等的观点也会立时被消除。"①

人人平等绝不应该被理解为或者说设定为人人同等，这种理论注定只是一种假设，是人为否定了现实之人差别的抽象。只要人是不同的、存在差异的，"完全平等"都注定是空想和无法实现的口号，只是说起来好听但不可能做到，它会让人产生模糊的、主观的理解，有损科学社会主义的科学性。

4

现代平等理论的问题还在于，视平等为人的绝对权利，把平等看作永恒的道德原则，看作可以脱离特定历史阶段物质生产条件的原则。从根本上而言，恩格斯看到了寄希望于平等理论追求社会主义社会理想的局限性。

---

① ［德］恩格斯：《反杜林论》，《马克思恩格斯文集》第9卷，人民出版社2009年版，第354页。

1875 年 3 月，恩格斯给倍倍尔写过一封信，其中讲道："把社会主义社会看做平等的王国，这是以'自由、平等、博爱'这一旧口号为根据的片面的法国人的看法，这种看法作为当时当地一定的发展阶段的东西曾经是正确的，但是，像以前的各个社会主义学派的一切片面性一样，它现在也应当被克服，因为它只能引起思想混乱，而且因为这一问题已经有了更精确的叙述方法。"① 平等观念对于无产阶级投身社会主义运动具有巨大的激励作用，但这种作用不能无限被夸大。要承认现代平等理论在历史上的贡献，但也应该看到它的问题，看到现代平等理论会引起思想混乱，看到它存在应该被克服的片面性，从而找到更精确的叙述方法。

为什么会引起思想的混乱呢？为什么有需要克服的片面性？根本原因在于，寄希望于平等，可能会陷入到对平等的盲目追求中，把平等变成道德教条。在恩格斯看来，当时英国和法国的社会主义者的问题就在于，认为社会主义是绝对真理、理性和

---

① ［德］恩格斯：《给奥·倍倍尔的信》，《马克思恩格斯文集》第 3 卷，人民出版社 2009 年版，第 415 页。

正义的表现，只要它被发现，它就能用自己的力量征服世界，没有将社会主义置于现实的基础之上。"我们拒绝想把任何道德教条当做永恒的、终极的、从此不变的伦理规律强加给我们的一切无理要求，这种要求的借口是，道德世界也有凌驾于历史和民族差别之上的不变的原则。"①

在恩格斯看来，寄希望于现代平等或正义，会忽略社会主义和共产主义观念的丰富性，"试图把平等建构为一个有关社会主义社会之内涵的概念，将会错失被纳入社会主义和未来共产主义社会理念的那种观念所具有的复杂性，尽管这么说并不是要否认社会主义也有一种关于地位平等的概念，它部分地体现在资产阶级有关政治和社会权利平等的概念里，并且更充分地体现在社会主义的消灭阶级差异的理念中"②。社会主义和共产主义理论应该包含平等的理论，但不应该局限在平等的理论，更不能等同为平等的理论，平等的理论可以作为其中的一

---

① ［德］恩格斯：《反杜林论》，《马克思恩格斯文集》第 9 卷，人民出版社 2009 年版，第 99 页。

② ［加］凯·尼尔林：《马克思主义与道德观念：道德、意识形态与历史唯物主义》，李义天译，人民出版社 2014 年版，第 91 页。

部分但不能作为全部或者核心的一部分。"现代社会主义必获胜利的信心，正是基于这个以或多或少清晰的形象和不可抗拒的必然性印入被剥削的无产者的头脑中的、可以感触到的物质事实，而不是基于某一个蛰居书斋的学者的关于正义和非正义的观念。"①

寄希望于现代平等或正义，会导致人类社会进程速度的放缓，不去积极推进变革，总是寄希望于社会的变革。"如果我们确信现代劳动产品分配方式以及它造成的赤贫和豪富、饥饿和穷奢极欲尖锐对立的状况一定会发生变革，只是基于一种意识，即认为这种分配方式是非正义的，而正义总有一天一定要胜利，那就糟了，我们就得长久等待下去。"② 而且，资产阶级已经建构了一套平等理论，是符合当时资本主义生产方式的平等理论，如果寄希望于平等理论，很容易陷入到资产阶级的意识形态中，容易进入别人的狡计之中。

① ［德］恩格斯：《反杜林论》，《马克思恩格斯文集》第 9 卷，人民出版社 2009 年版，第 165 页。

② ［德］恩格斯：《反杜林论》，《马克思恩格斯文集》第 9 卷，人民出版社 2009 年版，第 164 页。

从根本上而言，寄希望于平等，这是一种诉诸道德和法的做法，会忽略掉对人类社会经济客观规律的揭示，放弃顺应历史发展的进程来推动人类社会进步。"这种诉诸道德和法的做法，在科学上丝毫不能把我们推向前进；道义上的愤怒，无论多么入情入理，经济科学总不能把它看做证据，而只能看做象征。"① 恩格斯引用罗马诗人尤维纳利斯的讽刺诗的话指出，"愤怒出诗人"，诉诸道德和法，诉诸道义上的愤怒，不能说起不到作用，可以起到揭示和抨击社会弊病的作用，但作用是有限的。正如我们看到社会的不良现象，也可以表达愤怒，可以说这是不平等的、不公平的，如果能够推动问题的解决当然是好事，但我们过多的愤怒，往往无助于问题的解决。

寄希望于平等理论的建构，要防止陷入关于平等和不平等的主观想象、主观判断中，应该落实到遵循现实的客观的经济规律，顺应客观的历史发展进程，以推动人类社会的进步。

---

① ［德］恩格斯：《反杜林论》，《马克思恩格斯文集》第 9 卷，人民出版社 2009 年版，第 156 页。

五、从政治法律平等走向经济社会平等

无产阶级抓住了资产阶级所说的话，指出：平等应当不仅仅是表面的，不仅仅在国家的领域中实行，它还应当是实际的，还应当在社会的、经济的领域中实行。

1

我们可能会很容易得出结论，我们生活于其中的社会还不是平等的社会。作出平等与否的判断很容易，而回答什么才是真正的平等、应主张什么样的平等却并不容易。致力于平等事业的我们也未必清楚：这一事业已经进行到哪里、还能前进到哪里？我们应如何谈论平等、追求平等而不至于走向歧路？

恩格斯和马克思给出的答案是明确的：追求平

等，应该遵循人类社会发展的客观进程，在继承"现代平等"已经取得的成就的基础上，向前继续推进。按照这个思路，恩格斯指出，"平等应当不仅仅是表面的，不仅仅在国家的领域中实行，它还应当是实际的，还应当在社会的、经济的领域中实行"①。这样的追求并不是他们的原创，恩格斯指出，"平等的要求已经不再限于政治权利方面，它也应当扩大到个人的社会地位方面；不仅应当消灭阶级特权，而且应当消灭阶级差别本身。禁欲主义的、斯巴达式的共产主义，是这种新学说的第一个表现形式。后来出现了三个伟大的空想主义者：圣西门、傅立叶和欧文。"②

也就是说，这种平等的要求在空想社会主义者那里就已经提出来了，科学社会主义与空想社会主义的区别，并不在于追求的平等理想不同，而在于如何追求平等理想的不同。对恩格斯来说，这种平等的要求，是无产阶级的平等要求。无产阶级的平

---

① ［德］恩格斯：《反杜林论》，《马克思恩格斯文集》第 9 卷，人民出版社 2009 年版，第 112 页。

② ［德］恩格斯：《反杜林论》，《马克思恩格斯文集》第 9 卷，人民出版社 2009 年版，第 21 页。

等要求与资产阶级的平等要求是同时出现的，在资产阶级的平等要求出场的时候，无产阶级已经提出了自己的平等要求。恩格斯指出，"从资产阶级由封建时代的市民等级破茧而出的时候起，从中世纪的等级转变为现代的阶级的时候起，资产阶级就由它的影子即无产阶级不可避免地一直伴随着。同样地，资产阶级的平等要求也由无产阶级的平等要求伴随着"①。当资产阶级开始把公民的平等提到重要地位时，无产阶级就针锋相对地提出社会的、经济的平等的要求，并把后者作为特有的战斗口号。

无产阶级怎么提出又为什么能提出自己的平等要求？答案可能出乎我们很多人的意料，无产阶级的平等要求，起初借助于原始基督教，采取宗教的形式，后来以资产阶级平等理论本身为依据。恩格斯有一大段明确的论述："无产阶级所提出的平等要求有双重意义。或者它是对明显的社会不平等，对富人和穷人之间、主人和奴隶之间、骄奢淫逸者和饥饿者之间的对立的自发反应——特别是在

---

① ［德］恩格斯：《反杜林论》，《马克思恩格斯文集》第 9 卷，人民出版社 2009 年版，第 112 页。

当资产阶级开始把公民的平等提到重要地位时，无产阶级就针锋相对地提出社会的、经济的平等的要求。

同等重要

初期，例如在农民战争中，情况就是这样；它作为这种自发反应，只是革命本能的表现，它在这里，而且仅仅在这里找到自己被提出的理由。或者它是从对资产阶级平等要求的反应中产生的，它从这种平等要求中吸取了或多或少正当的、可以进一步发展的要求，成了用资本家本身的主张发动工人起来反对资本家的鼓动手段；在这种情况下，它是和资产阶级平等本身共存亡的。"①

从这段话可以看出，无产阶级平等要求的提出，一是基于社会现实，它是对社会不平等现实的反映；二是基于既有平等理论，它是对资产阶级平等要求的借鉴。恩格斯说明了无产阶级平等要求的出现，不是无缘无故、凭空想象的，它既有现实背景又有理论滋养。无产阶级平等要求的双重意义，在于它既具有现实的意义又具有理论的意义，是对不平等现实的反映也必将改变现实，是对平等理论的继承又必将推动理论的发展。

恩格斯没有割裂无产阶级平等与资产阶级现代

---

① ［德］恩格斯：《反杜林论》，《马克思恩格斯文集》第 9 卷，人民出版社 2009 年版，第 112—113 页。

平等的关系，无产阶级的平等要求在特定历史阶段与资产阶级的平等要求是一致的，它也必须在特定的历史阶段运用资产阶级的平等将其转化为实践、转变为现实。这再一次说明了马克思主义者的历史唯物主义态度，不是否定、割裂历史发展的进程，而是尊重人类社会所取得的成果，哪怕是自己的对手所取得的成果。无产阶级平等要求，当然不能完全等同也不能停止于资产阶级平等要求，"它从这种平等要求中吸取了或多或少正当的、可以进一步发展的要求"①，借此推动人类社会的进程。

2

平等不能仅限于政治平等和法律平等，马克思主义要追求的平等就是从政治、法律领域再向前推进，进入到社会、经济领域。从政治平等、法律平等扩展到社会平等、经济平等，这是平等事业在当今时代应该努力的主要方向。

---

① ［德］恩格斯：《反杜林论》，《马克思恩格斯文集》第9卷，人民出版社2009年版，第112—113页。

　　道理容易讲清楚，但争议也容易出现。经济社会的平等，不像法律面前人人平等那样很容易被人们理解和接受，反而更容易受到质疑。正因为法律平等保护每个人的合法私有财产已经成为共识，会使一种观念很容易出现：要保障每个人的平等的财产权，就不应该干涉社会成员是否拥有以及拥有多少财产，因为为了让所有人实际上拥有财产，就必须借助于一定的力量比如国家权力来确立制度、制定政策，向没有财产或只有较少财产的社会成员倾斜，这就有可能会侵犯一些拥有财产或拥有大量财富的人的平等权利。

　　如何兼顾好政治法律平等和经济社会平等，显然是一个棘手的问题。也正因此，在一些自由主义者的理论中，平等仅限于政治领域，确立法律面前人人平等就已经足够了，再往前走一步，就不再是平等。奥地利经济学派的代表人物米瑟斯（Ludwig Heinrich Edler von Mises）的观点很有代表性，他指出："有人指责自由主义关于法律面前人人平等的观点，他们认为法律面前人人平等并不是真正的平等。这种指责是毫无道理的。要想把人变得真正平等起来，这是依靠人的一切力量都办不到的事情。

人与人之间本来就是不平等的，而且还将继续不平等下去。"① 他所针对的对象就是他认为的社会主义的平等主张："社会主义者却宣称：法律面前人人平等，这还远远不够，必须让每个人的经济收入都平等起来，做到这一点，才算得上真正的平等；废除世袭特权、废除等级制还不够，还必须彻底消灭私有财产这个最大的、最重要的特权"②。

另一位被认定为新自由主义的代表人物的哈耶克（Friedrich August Hayek）也指出："所有的人在法治下享有自由，并不要求所有的人都能拥有个人财产，而是要求许多人都能够这样做。我本人宁愿没有财产生活在一片其他许多人拥有一些财产的土地上，也不愿生活在一个全部财产'集体所有'、由权力机构安排其用途的地方。"③ 他甚至为经济的不平等辩护，认为经济平等是结果的平等，而追求结果的平等是荒谬的，"没有不平等，人类既不可

① ［奥］冯·米瑟斯：《自由与繁荣的国度》，韩光明等译，中国社会科学出版社 1995 年版，第 69 页。

② ［奥］冯·米瑟斯：《自由与繁荣的国度》，韩光明等译，中国社会科学出版社 1995 年版，第 70 页。

③ ［英］弗里德里希·奥古斯特·冯·哈耶克：《致命的自负》，冯克利等译，中国社会科学出版社 2000 年版，第 87 页。

能达到也无法维持其现有的人口数量，而这种不平等既不受任何审慎的道德判断的左右，也与这样的判断不可调和"①。

对他们而言，不可能实现平等，甚至连追求平等都是有问题的。退一步讲，如果要追求平等，值得追求的平等也仅限于政治平等、法律平等，追求经济领域、社会领域的平等必然走向政府对市场的干涉，走向实质意义上的不平等。"除了市场以外，没有人能够确定个人对整个产品贡献的大小，也无法确定应该给一个人多少报酬，才能使他选择从事某些活动，能够为向所有人提供的货物和服务做出最大的贡献。当然，如果认为后者合乎美德，那么市场就能产生最道德的结果。"② 他们认为，市场经济有其固有的规律和不被干涉的权利，任何对经济领域的干涉都会带来不平等、造成不公平，这都是对市场主体平等权利的践踏。

他们对马克思主义的平等理论无疑是存在误解

---

① ［英］弗里德里希·奥古斯特·冯·哈耶克：《致命的自负》，冯克利等译，中国社会科学出版社 2000 年版，第 136 页。

② ［英］弗里德里希·奥古斯特·冯·哈耶克：《致命的自负》，冯克利等译，中国社会科学出版社 2000 年版，第 136—137 页。

的，但其提出的问题值得回应：为什么一定要解决经济社会领域的不平等问题？经济社会领域应追求什么样的平等？应该如何来实现这样的平等？追求这样的平等要防止什么问题出现？简单说：经济社会领域的不平等问题是否应该解决、能否解决、如何解决？

<h1 style="text-align:center">3</h1>

第一个问题：为什么要解决经济社会领域的不平等问题？原因似乎简单明了，存在少数富人和大部分穷人的社会，如果付出了同样的时间和精力，收获的财富却大不一样，我们会承认这是平等的社会吗？

但这种想法并不能为经济平等辩护，也经不起推敲，因为人有不同的素质、能力、天赋、工作效率甚至人生机遇，必然会带来不同的收入和财富。如果从这个角度认为应该解决经济不平等问题，理由并不充分甚至并不正当，这也不是马克思、恩格斯给的理由。

对追求经济平等的正当性的辩护，要放在其对政治平等的支撑作用上。如果经济上的不平等不会影响到政治上的不平等，那么只追求法律平等、政治平等的理论就是可以自圆其说的。但只要不遮蔽自己的眼睛和思维就会理解，经济社会领域的不平等，注定了政治法律上实际的不平等。

卢梭曾举过一个例子，在法国陆军元帅赫克托·维拉尔公爵领导的一次战役中，由于给养承包商的弄虚作假，他的部队备受其苦，怨声不已，于是他威胁要处死这个承包商。这个承包商却并不害怕他的威胁，公然对他说"我可以坦率地告诉你，人们是不会处死一个家资巨万的人的"。这位元帅最后见证的、不能理解的结果是，那个奸商果然没有被处死，尽管他有千百种罪行，理应被判处死刑。①

达尔在分析妨碍政治平等实现的因素时，也指出经济不平等必然带来实质性的政治不平等，而且这种"起源于经济不平等的实质性政治不平等，毫

---

① 参见［法］卢梭：《论人与人之间不平等的起因和基础》，李平沤译，商务印书馆2015年版，第164页。

无疑问地也会继续存在下去"①，"市场资本主义不可避免地，会在公民获取包括收入、财富、身份、信息、知识、认识领导者与其他人等各种基本资源方面，产生不平等。这些不平等分配的资源会随时转化为政治资源，能够影响政府及政治生活。于是，政治资源方面的不平等就转化为权力与影响力方面的不平等"②。

那种认为只要政治平等、法律平等就可以不去追求经济平等的学者，应该明白这个道理。如果没有经济社会领域的平等，那政治平等、法律平等当然也就只是形式上的平等，而经济社会领域的平等实际上是政治法律平等的硬核支撑，同时也可以说是内容上的平等。两者都不可或缺，兼顾两者的平等才是全面的平等，才是形式与内容都具备的平等，才是实际意义的平等。

以财产权和财产问题为例，法律平等解决的是对每个人的财产权平等保护、任何人的合法财产都

①　［美］罗伯特·A. 达尔：《论政治平等》，谢岳译，上海人民出版社 2014 年版，第 95 页。

②　［美］罗伯特·A. 达尔：《论政治平等》，谢岳译，上海人民出版社 2014 年版，第 110 页。

如果没有经济社会领域的平等，那政治平等、法律平等当然也就只是形式上的平等。

努力平等

不被侵犯的问题，政治平等解决的是无论有无财产、财产多少都享有平等的政治地位、都能平等参与政治事务的问题，经济平等、社会平等则要解决所有人获取财产的机会和过程平等、实际上或结果上共同占有财产的平等并因此享有平等的社会地位的问题。不同的平等诉求都有要解决的问题，而这些问题的共同解决，才是人类社会值得进一步追求的完整意义上的平等。

4

接下来就得回答第二个问题：经济社会领域应追求什么样的平等？经济社会领域的平等，要解决的是哪些不平等？

首先要明确，经济社会领域的平等，不能是平均、同等、均等，不是要追求平均财产、工资平等、收入一致，而这正是追求经济平等最终容易形成的结论。早在《1844年经济学手稿》中，马克思就批判过那种平均化私有财产的观念。在他看来，追求所有人共同占有私有财产，这是平均主义思维在作怪，它要满足的是平均占有、共同占有的欲望，是一种低层次的、贫穷的、需求不高的人的嫉妒和贪欲，这只不过是粗陋的共产主义。

马克思还明确反对过工资平等的要求："各种不同质量的劳动力的生产费用既然各不相同，所以不同行业所用的劳动力的价值也就一定各不相同。因此，要求工资平等是根本错误的，这是一种决不能实现的妄想。这种要求是一种虚妄和肤浅的激进主义的产物，只承认前提而企图避开结论。"① 很显然，马克思反对在平等的追求下要求工资、收入、财产同等。人与人之间的差别决定了他们在同一社会中甚至同一环境中会有不同的收入，会收获不同的财富，这是正常的，也是应该的。

大家都一样，收入都差不多，这并不是经济社会平等的目标。经济社会的平等，绝不是要解决有人靠自己的天赋、能力、劳动拥有财富，另外一部分人则因为懒惰等没有财富；要解决的是有人所拥有的财产建立在其他人的劳动的基础上，小部分人拥有大量的社会财富而另外一些人身处艰苦的工作

环境中却住在狭小的生活空间中的问题。

马克思、恩格斯所追求的经济社会平等是有特指的，是有严格限定的，恩格斯指出，"无产阶级平等要求的实际内容都是消灭阶级的要求。任何超出这个范围的平等要求，都必然要流于荒谬"①。阶级问题才是现代社会的真正问题，才是资本主导的社会的真正问题，解决阶级问题、消灭人的阶级属性，这才是一个可期的目标。超出后者的范围，即抽象地理解平等，那么平等就会变成荒谬。

马克思主义不是要消除一切不平等，而是要消灭建立在阶级差别基础上的不平等，消灭资本与劳动对立、资本剥夺劳动的不平等。恩格斯在 1875 年给倍倍尔的信中专门强调，"用'消除一切社会的和政治的不平等'来代替'消灭一切阶级差别'，这也很成问题。在国和国、省和省、甚至地方和地方之间总会有生活条件方面的某种不平等存在，这种不平等可以减少到最低限度，但是永远不可能完全消除。阿尔卑斯山的居民和平原上的居民的生活

---

① ［德］恩格斯：《反杜林论》，《马克思恩格斯文集》第 9 卷，人民出版社 2009 年版，第 113 页。

条件总是不同的"①。

自由主义的现代平等解决的是特权和等级问题，马克思主义要在解决这个问题的基础上解决阶级差别问题。阶级问题才是当今社会平等面临的真正问题，才是资本主导的现代社会的真正问题。但是不能指望平等的理论能够解决一切问题，平等不是万能的。建构平等的理论，依靠平等的观念，在不同的历史阶段要有不同的目标，不要超越历史，将平等抽象化、万能化、永恒化。

可以理解，不是建立在阶级关系上所形成的财富收入的不同，只是差异，而不是不平等。要消除一切政治的、社会的、经济的不平等，这样的目标虽然好听，但实际上是模糊的，也是不切实际的，注定不可能实现。人类社会能够消除的只能是建立在阶级差别基础上的不平等，这就是关于平等"更精确的叙述方法"。

这意味着，追求平等是有限度的，不可能做到完全平等。而消除一切政治的和社会的不平等，这

---

① ［德］恩格斯：《给奥·倍倍尔的信》，《马克思恩格斯文集》第3卷，人民出版社2009年版，第414—415页。

样的目标是模糊的，也是不切实际的。消灭阶级差异，而保留其他方面的差异，容忍其他方面的"不平等"，是一个多元的值得追求的社会。恩格斯讲的"任何超出这个范围的平等要求"，意指的是超出实现社会的和经济的平等的要求，例如他这里讲的要求阿尔卑斯山的居民和平原上的居民实现生活条件的平等，这样的要求显然"都必然要流于荒谬"。

5

第三个问题：应该如何来实现这样的平等？有必要还得加上这个问题：追求这样的平等要防止什么问题出现？解决阶级问题、消灭人的阶级属性，解决资本与劳动的对立，这才是一个可期的目标。但这无疑是一个漫长的过程，这个过程不是仅仅通过人为努力、制定法律、动用权力这些主观条件就能实现的，它需要人类社会生产力的长期发展和生产关系的不断理顺来准备客观条件。

这里我们来回应一下米瑟斯、哈耶克等人对马克思主义主张消灭私有财产实现经济平等的批判。

实际上，他们首先把私有财产理解成了一部分人所拥有的财产，把消灭私有财产理解成通过强力手段剥夺一部分人的财产分给其他人，或者在社会成员之间进行同等分配。如果这样看，实际上只是看到了私有财产的"表象"。

在马克思、恩格斯这里，私有财产本质上是生产关系、阶级关系，是一部分人的私有财产建立在剥夺他人劳动基础上的关系，消灭私有财产实际上是要在人类社会的历史进程中消灭不合理实际上也就是不平等的生产关系、阶级关系。

这种消灭不是通过政治法律手段来宣布直接剥夺一些人的财产分给另外一些人就能实现的，它是客观历史进程必然带来的结果。这跟马克思在《哥达纲领批判》中的说法是一致的："'消除一切社会的和政治的不平等'这一不明确的语句，应当改成：随着阶级差别的消灭，一切由这些差别产生的社会的和政治的不平等也自行消失。"[1] 从这里我们看到，他不仅反对了消除一切社会的和政治的不平

---

① ［德］马克思：《哥达纲领批判》，《马克思恩格斯文集》第3卷，人民出版社2009年版，第442页。

等的模糊语句，也实际上反对了不顾社会背景采取激进的行动来追求平等的做法。

追求平等应该采取什么样的方式，应该如何行动？追求平等，不能把它当成可以不管历史背景和社会条件仅靠主观意识、主体行动就能实现的目标。唯物史观并不否定人的意识、人的行动的积极作用，它强调要在顺应历史进程、待时机成熟时发挥这种作用。追求平等，要避免激进，想清楚追求平等要避免什么样的问题出现。不能采取不符合历史进程、客观实际的激进的手段，也不能陷入追求完全平等或一切平等的幻想中。

更高程度的平等应该在具备一定的历史条件下实现，而且也应该是在继承现代平等已经取得的成就的基础上实现，离开这个条件，谈论马克思主义的平等论，谈论追求所谓实质的平等，肯定是有问题的。追求平等要循序渐进、继承发展，避免空想地追求一步到位，避免急切地追求平等而陷入平等速成论的窠臼中。

马克思、恩格斯给平等设定了限度，他们不是平等主义者，不是平等至上论者。强调平等，不能认为人与人都一样，在各个方面都应该一样，应该

可笑的速成

实现所有方面、一切领域的平等。马克思拒斥这种空想的因而注定是无法实现的口号。说起来好听但不可能做到，会让人产生模糊的、主观的理解，有损科学社会主义的科学性，也不符合唯物史观的精神。

归根结底，人是有差别的，现代社会人不仅有阶级之分，也有个性、天赋、能力甚至出生地、生活环境等之分。值得践行的平等理论不能同质化个人，不能在追求平等的名义下抹杀差异、消除个性，它理应包容个人的生活环境、自然天赋、个性需求等方面的差异，容忍每个人的差异，尊重并鼓励每个人个性的发挥。

就此而言，马克思、恩格斯所追求的平等与追求每个人的自由而全面发展的目标并不冲突，或者说他们最终的平等追求就是人的自由而全面发展。每个人都是具有独一性的个体，而不是千篇一律的、同质化的个体，每个人的自由是其他人的自由的条件而不是障碍，每个人面对他人都会一视同仁，会尊重他们的独一性的存在。这才是值得追求的平等，当然也是已经超越现代平等的平等。

结语　让平等走进"历史回忆的废物库"!

平等将走向何方?

答案无怪乎分为两种:一种是平等最终实现,大多数人所认同的平等从理想成为现实,人们再也不会谈论平等;另一种是平等将永远无法实现,我们将一直追求,或者我们会实现今天所想要的平等,又不断地去追求更深层次的、更广泛的平等,对平等的追求永无止境,平等因此注定是永恒探讨的话题。

恐怕我们不会选择第一种答案,往往会选择第二种答案。面对当今社会的现实,我们不敢想象平等的观念还会消失,不敢想象还有不追求平等的未来社会。恩格斯明确给出的答案是:"在共产主义制度下和资源日益增多的情况下,经过不多几代的社会发展,人们就一定会达到这样的境地:侈谈平等和权利就像今天侈谈贵族等等的世袭特权一样显

得可笑；同旧的不平等和旧的实在法的对立，甚至
同新的暂行法的对立，都要从实际生活中消失；谁
如果坚持要求丝毫不差地给他平等的、公正的一份
产品，别人就会给他两份以示嘲笑。……那时，平
等和正义，除了在历史回忆的废物库里可以找到以
外，哪儿还有呢?"[①]

　　平等和正义都将进入"历史回忆的废物库"
里，如果再侈谈平等和权利就会显得可笑，这无
疑是对未来社会的乐观想象。一个不再追求平等
的社会、一个平等和正义将从我们的话语中消失
的社会，恩格斯凭什么能够作出这样的乐观预测?
归根结底，原因之一：平等不是永恒的真理，它
作为观念、作为理论随历史而生，也将随历史而
消亡。"平等不是永恒真理，而是历史的产物和一
定的历史状况的特征"[②]。平等观念的形成，需要
一定的历史条件，而这种历史条件本身又会发生
改变，它的彻底改变将使平等观念消失，把"平

---

　　① ［德］恩格斯：《反杜林论》，《马克思恩格斯文集》第 9 卷，
人民出版社 2009 年版，第 354 页。

　　② ［德］恩格斯：《反杜林论》，《马克思恩格斯文集》第 9 卷，
人民出版社 2009 年版，第 355 页。

平等的消亡

等＝正义"当成是最高原则和最终真理，那是荒唐的。

原因之二：平等只是否定的范畴，随着不平等的旧社会的终结将没有意义。在恩格斯看来，平等的话题主要还是强调不存在任何特权，它在本质上是否定的，实际上缺少肯定的内容，适合于大革命时期，但在大革命结束之后，实际上，平等的消亡，才意味着平等的真正实现。平等观念消亡之时，其实也就是平等实现之时。平等之所以被追求，还是因为不平等的存在，"平等仅仅存在于同不平等的对立中，正义仅仅存在于同非正义的对立中"①。如果已经是平等的社会，我们就没有必要更不用再热衷于谈论平等。

我们为什么不敢想象没有平等或不讲平等的社会？恰恰是因为我们一直处在需要讲平等的社会，很容易让我们认为，平等应该是永恒的追求。平等一旦在历史上出场，一旦被广泛认同，现实社会离平等还有很长距离，我们就相信平等值得追求，而

① ［德］恩格斯：《反杜林论》，《马克思恩格斯文集》第9卷，人民出版社2009年版，第354页。

且值得永恒追求，平等自然就成为一些思想家所谓
的永恒真理、永恒道德。我们认定平等是永恒的，
是人类社会永恒的追求，实际上是一种平等的悲观
论，因为正是认为平等是无法实现的，才觉得它是
值得永恒追求的。

为什么我们不能想象平等的消亡？归根结底还
是因为一直处在阶级对立的社会，我们越不出阶级
社会的想象，而只要有阶级的存在，平等就必将是
需要追求的观念，从而也就无法设想平等消亡的未
来。在恩格斯看来，"只有在不仅消灭了阶级对立，
而且在实际生活中也忘却了这种对立的社会发展阶
段上，超越阶级对立和超越对这种对立的回忆的、
真正人的道德才成为可能"①。平等实现之后的社
会，是阶级消亡的社会，是人与人之间不再有阶级
之分而只是有个性差别的社会，是人们各尽所能、
按需分配的社会。

当然，对平等的追求在特定阶段是有价值的，
未来平等到"历史回忆的废物库"里，并不意味着

---

① ［德］恩格斯：《反杜林论》，《马克思恩格斯文集》第 9 卷，
人民出版社 2009 年版，第 100 页。

今天就要否定平等，也不意味着马克思主义否定平等的价值。如果我们沉浸于平等最终消亡而不去追求理论的建构，不去实践平等的理论，那这本身也是有问题的。既敢于想象平等消失的理想社会，又致力于建构平等的理论来解决不平等的现实问题，这应该是我们在平等论题上的基本态度。

附录 《反杜林论》节选

十 道德和法。平等

我们已经不止一次地领教了杜林先生的方法。他的方法就是：把每一类认识对象分解成它们的所谓最简单的要素，把同样简单的所谓不言而喻的公理应用于这些要素，然后再进一步运用这样得出的结论。社会生活领域内的问题也

"应当从单个的、简单的基本形式上，按照公理来解决，正如对待简单的……数学基本形式一样"。

这样，数学方法在历史、道德和法方面的应用，应当在这些领域内使所获结果的真理性也具有数学的确实性，使这些结果具有真正的不变的真理的性质。

这不过是过去有人爱用的意识形态的或者也称为先验主义的方法的另一种说法，这一方法是：不是从对象本身去认识某一对象的特性，而是从对象的概念中逻辑地推导出这些特性。首先，从对象构成对象的概念；然后颠倒过来，用对象的映象即概念去衡量对象。这时，不是概念应当和对象相适应，而是对象应当和概念相适应了。在杜林先生那里，他所能得到的

最简单的要素，终极的抽象，执行着概念的职能，可是这丝毫没有改变事情的实质；这种最简单的要素，最多只带有纯粹概念的性质。所以现实哲学在这里也是纯粹的意识形态，它不是从现实本身推导出现实，而是从观念推导出现实。

当这样一位意识形态家不是从他周围的人们的现实社会关系中，而是从"社会"的概念或所谓最简单的要素中构造出道德和法的时候，可用于这种构造的材料是什么呢？显然有两种：第一，是在那些被当做基础的抽象中可能存在的现实内容的一点点残余，第二，是我们这位意识形态家从他自己的意识中再次带入的内容。而他在自己的意识中发现了什么呢？绝大部分是道德和法的观点，这些观点或多或少地是他所处的社会关系和政治关系的相应表现——肯定的或否定的，得到赞同的或遭到反对的；其次或许是从有关的文献上抄来的看法；最后，可能还有个人的狂想。我们的意识形态家可以随心所欲地耍花招，他从大门扔出去的历史现实，又从窗户进来了，而当他以为自己制定了适用于一切世界和一切时代的伦理学说和法的学说的时候，他实际上是为他那个时代的保守潮流或革命潮流制作了一幅因脱离现实基础而扭曲的、像在凹面镜上反映出来的头足倒置的画像。

于是杜林先生把社会分解为它的最简单的要素，

而且在这里发现最简单的社会至少由两个人组成。杜林先生就按公理同这两个人打交道。而从这里很自然地得出一个道德的基本公理：

"两个人的意志，就其本身而言，是彼此完全平等的，而且一方不能一开始就向另一方提出任何肯定的要求。"因此，"道德上的正义的基本形式就被表述出来了"；同样，法律上的正义的基本形式也被表述出来了，因为"为了阐发法的基本概念，我们只要有两个人的十分简单的和基本的关系就够了"。

两个人或两个人的意志就其本身而言是彼此完全平等的——这不仅不是公理，而且甚至是过度的夸张。首先，两个人甚至就其本身而言，在性别上可能就是不平等的，这一简单的事实立刻使我们想到：社会的最简单的要素——如果我们暂且接受这样的童稚之见——不是两个男人，而是一个男人和一个女人，他们建立了家庭，即以生产为目的的社会结合的最简单的和最初的形式。但是这丝毫不合杜林先生的心意。因为，一方面，必须使这两个社会奠基者尽可能地平等。另一方面，甚至杜林先生也不能从原始家庭构造出男女之间在道德上和法上的平等地位。这样，二者必居其一：或者是杜林所说的通过自身繁衍而建立起整个社会的社会分子一开始就注定要灭亡，因为两个男人是永远不能生出小孩来的；或者是我们必须设想他们是两个家长。在这种情况下，十分简单的基本模式就转成自己的反面：它不是证明人的平等，而最多只是证明家长的平等，而且因为妇女是不被理睬的，所以还证明妇女的从属地位。

在这里我们不得不给读者一个不愉快的通知：读者在今后一段颇长的时间内摆脱不了这两个了不起的人物。这两个人在社会关系的领域中起着我们现在希望不再与之打交道的其他天体上的居民以前所起的类似作用。只要有经济、政治等等的问题需要解决，这两个人就飞快地出动，而且立刻"按照公理"来解决问题。这是我们那位现实哲学家的卓越的、创造性的、创造体系的发现！但遗憾的是，如果我们愿意尊重真理，那应当说这两个人不是杜林先生发现的。他们是整个18世纪所共有的。他们在1754年卢梭关于不平等的论著中已经出现——附带说一下，在那里，他们按照公理证明了和杜林的论断恰恰相反的东西。他们在从亚当·斯密到李嘉图的政治经济学家那里扮演着主要角色；可是在那里他们各操不同的行业——大多是猎人和渔夫，而且互相交换自己的产品，他们至少在这方面是不平等的。此外，在整个18世纪，他们主要充当单纯用做说明的例子，而杜林先生的独创性只是在于，他把这种举例说明的方法提升为一切社会科学的基本方法和一切历史形态的尺度。要把"关于事物和人的严格科学的观念"变得简单些，肯定是做不到的。

　　为了制定基本公理——两个人以及他们的意志是彼此完全平等的，他们之间没有一方能命令另一方，我们决不能用随便什么样的两个人。这两个人应当是这样的：他们摆脱了一切现实，摆脱了地球上发生的一切民族的、经济的、政治的和宗教的关系，摆脱了一切性别的和个人的特性，以致留在这两个人身上的除了人这个光秃秃的概念以外，再没有别的什么了，于是，他们当然是"完全平等"了。因此，他们成了这一位到处搜索和揭发"降神术"活动的杜林先生所召来的两个十足的幽灵。这两个幽灵自然必须做他们的召唤者要求做的一切，正因为如此，他们的一切鬼把戏对世界上的其他人来说是完全无关紧要的。

　　我们再稍微往下看看杜林先生的公理论。两个意志中一方不能向另一方提出任何肯定的要求。如果一方竟然这样做了，并以暴力来实现他的要求，那就产生了非正义的状态，而杜林先生就是按照这一基本模式来说明非正义、暴力、奴役，一句话，说明全部以往的应唾弃的历史的。可是卢梭早在上面提到的著作中，正是通过两个人，同样是按照公理证明了相反的东西，这就是：在 A 和 B 两个人之中，A 不能用暴力来奴役 B，只能用使 B 处于非有 A 不可的境地这一办法来奴役 B；这对于杜林先生来说的确是一个已经过分唯物主义的观点。因此，让我们以稍微不同的方式来说明这件事情。两个舟破落海的人，漂流到一个孤岛上，组成了社会。他们的意志在形式上是完全平等的，而这一点也是两个人都承认的。但是在素质上存在着巨大的不平等。A果断而有毅力，B优柔、懒惰和委靡不振；A伶俐，B愚笨。A照例先是通过说服，以后就按照习惯，但始终是采取自愿的形式，把自己的意志强加给B，这要经过很长时间吗？无论自愿的形式是受到维护，还是遭到践踏，奴役依旧是奴役。甘受奴役的现象在整个中世纪都存在，在德国直到三十年战争后还可以看到。普鲁士在1806年和1807年战败之后，废除了依附农制，同时还取消了仁慈的领主照顾贫病老弱的依附农的义务，当时农民曾向国王请愿，请求让他们继续处于受奴役的地位——否则在他们遭到不幸的时候谁来照顾他们呢？这样，两个人的模式既"适用"于不平等和奴役，也同样"适用"于平等和互助；而且因为我们害怕受到灭亡的惩罚而不得不承认他们是家长，所以在这里已经预先安排了世袭的奴役制。

　　但是，让我们暂时把这一切放在一旁。我们假定杜林先生的公理论说服了我们，而且我们热衷于两个意志的完全平等的权利、"一般人的主权"、"个人的主权"——真正壮丽的字眼，和这些字眼比起来，施蒂纳的拥有自己的所有物的"唯一者"相形见绌了，虽然他在这方面也可以要求有自己的一席之地。这样，现在我们所有人都完全平等和独立了。是所有人吗？不，的确不是所有人。

也存在着"可以允许的隶属关系"，但是它们存在的"原因不应当到两个意志本身的活动中，而应当到第三领域中去寻找，例如对儿童来说，就应当到他们的自我规定的欠缺中去寻找"。

的确如此！隶属关系的原因不应当到两个意志本身的活动中去寻找！自然不应当，因为一个意志的活动恰恰是受到阻碍的！而应当到第三领域中去寻找！那么什么是这第三领域呢？这是一个受压制的意志即一个欠缺的意志的具体规定性！我们的现实哲学家同现实脱离得如此之远，以致在他看来，对意志这个抽象的、没有内容的用语来说，意志的真实的内容、特有的规定性，已经是"第三领域"了。但是，无论如何，我们必须认定，平等是有例外的。对于自我规定欠缺的意志来说，平等是无效的。退却之一。

其次，

"在野兽和人混合在一个人身上的地方，人们可以以第二个具有完全的人性的人的名义提出问题：他的行为方式，是否应当像所谓只具有人性的人相互间所表现的那样呢……所以我们关于两个在道德上不平等的人——其中一个在某种意义上带有特有的兽性——
的假定，就是依照这种区别而可能在人的集团之中和
之间……出现的一切关系的典型的基本形式"。

请读者自己去看看紧跟在这些窘态百出的遁词之
后的那些可怜的咒骂吧，在那些咒骂里，杜林先生像
一个耶稣会会士那样耍花招，以便用决疑法确定具有
人性的人可以多么严厉地对付具有兽性的人，多么严
厉地运用不信任、计谋、严酷的甚至恐怖的以及欺骗
的手段来对付后者，而且这样做还丝毫不违背不变的
道德。

因此，如果两个人"在道德上不平等"，那么平等
也就完结了。但是这样一来就根本不值得费力去召唤
两个完全平等的人，因为两个在道德上完全平等的人
是根本没有的。——但是，不平等应当在于一个是具
有人性的人，而另一个则带有一些兽性。而人来源于
动物界这一事实已经决定人永远不能完全摆脱兽性，
所以问题永远只能在于摆脱得多些或少些，在于兽性
或人性的程度上的差异。把人分成截然不同的两类，
分成具有人性的人和具有兽性的人，分成善人和恶人，
绵羊和山羊，这样的分类，除现实哲学外，只有基督
教才知道，基督教也一贯有自己的世界审判者来实行
这种分类。但是在现实哲学中，世界审判者应当是谁
呢？这个问题大概要照基督教的做法来处理，在那里，

虔诚的羔羊对自己的世俗近邻山羊行使世界审判者的职权，而且成绩卓著。现实哲学家的教派一旦出现，在这方面一定不会比地上的虔信者逊色。然而，这对我们是无所谓的；使我们感兴趣的，是承认这样一点：由于人们之间的道德上的不平等，平等再一次化为乌有。退却之二。

再往下看：

"如果一个人按照真理和科学行动，而另一个人按照某种迷信或偏见行动，那么……照例一定要发生相互争执……一定程度的无能、粗暴或恶癖，在任何情况下总要引起冲突……暴力不仅仅是对付儿童和疯人的最后手段。人的整个自然集团和文明阶级的本性，能够使得对它们的由于本身荒谬而成为敌对性的愿望进行的压服，即促使这种愿望向共同联系手段的还原，成为不可避免的必要。异己的意志在这里也被认为是有平等权利的；但是由于它的危害活动和敌对活动的荒谬性，它就引起了恢复平衡的行动，如果它遭到暴力，那么它只是受到它自身的非正义的反作用而已。"

可见，不仅道德上的不平等，而且精神上的不平等也足以排除两个意志的"完全平等"，并树立这样一种道德，按照这种道德，各文明掠夺国对落后民族所干的一切可耻行径，直到俄国人在突厥斯坦的暴行，都可以认为是正当的。1873 年夏天，当考夫曼将军下令进攻鞑靼部落的约穆德人，焚毁他们的帐篷，并且像在命令上所说的"按照真正高加索的习俗"屠杀他们的妇女和儿童时，他也断言：对约穆德人的由于本身荒谬而成为敌对性的愿望进行的压服，即促使这种愿望向共同联系手段的还原，已经成为不可避免的必要，而且他所采用的手段是最合乎目的的；谁想要达到目的，谁也就必然要采用这种手段。不过他还没有残酷到另外还去嘲弄约穆德人，说他屠杀他们是为了恢复平衡，他这样做正是承认他们的意志是有平等权利的。在这一冲突中，又是上帝的选民，所谓按照真理和科学行动的人，归根到底也就是现实哲学家，应该去决定什么是迷信、偏见、粗暴和恶癖，什么时候暴力和压服对于恢复平衡是必要的。因此，平等现在就是通过暴力恢复平衡；而第二个意志被第一个意志通过压服而认为是有平等权利的。退却之三，在这里，这次退却简直堕落为可耻的逃跑。

附带说一下，所谓异己的意志正是在通过暴力恢复平衡的行动中被认为是有平等权利的这句话，不过是对黑格尔学说的一种歪曲。

按照黑格尔学说，刑罚是罪犯的权利：

"刑罚被认为包含着罪犯本人的权利，在这里罪犯是被当做有理性者来尊重的。"（《法哲学》第100节附释）

我们可以就此结束。没有必要继续跟着杜林先生去一点一点地击破他如此按照公理建立起来的平等、一般人的主权等等；没有必要去观察他如何用两个男人来组成社会，而为了建立国家又使用第三个人，因为简单地说，没有这第三个人就不可能有多数的决议，而没有这样的决议，因而也就没有多数对少数的统治，也就不能有国家存在；没有必要去看他往后如何逐步转入建立他那共同社会的未来国家的那条较为平静的航路——我们将来总有一天有幸在那里拜访他。我们已经充分地看到：两个意志的完全平等，只是在这两个意志什么愿望也没有的时候才存在；一当它们不再是抽象的人的意志而转为现实的个人的意志，转为两个现实的人的意志的时候，平等就完结了；一方面是幼稚、疯狂、所谓的兽性、设想的迷信、硬说的偏见、假定的无能，另一方面是想象的人性、对真理和科学的洞察力；总之，两个意志以及与之相伴的智慧在质量上的任何区别，都是为那种可以一直上升到压服的不平等辩护的。既然杜林先生这样从根本上破坏了他自己的平等大厦，那我们还要求什么呢？

虽然我们关于杜林先生对平等观念的浅薄而拙劣的论述已经谈完，但是我们对平等观念本身的论述没有因此结束，这一观念特别是通过卢梭起了一种理论的作用，在大革命中和大革命之后起了一种实际的政治的作用，而今天在差不多所有国家的社会主义运动中仍然起着巨大的鼓动作用。这一观念的科学内容的确立，也将确定它对无产阶级鼓动的价值。

一切人，作为人来说，都有某些共同点，在这些共同点所及的范围内，他们是平等的，这样的观念自然是非常古老的。但是现代的平等要求与此完全不同；这种平等要求更应当是从人的这种共同特性中，从人就他们是人而言的这种平等中引申出这样的要求：一切人，或至少是一个国家的一切公民，或一个社会的一切成员，都应当有平等的政治地位和社会地位。要从这种相对平等的原始观念中得出国家和社会中的平等权利的结论，要使这个结论甚至能够成为某种自然而然的、不言而喻的东西，必然要经过而且确实已经经过几千年。在最古老的自然形成的公社中，最多只谈得上公社成员之间的平等权利，妇女、奴隶和外地人自然不在此列。在希腊人和罗马人那里，人们的不平等的作用比任何平等要大得多。如果认为希腊人和野蛮人、自由民和奴隶、公民和被保护民、罗马的公民和罗马的臣民（该词是在广义上使用的），都可以要求平等的政治地位，那么这在古代人看来必定是发了疯。在罗马帝国时期，所有这些区别，除自由民和奴隶的区别外，都逐渐消失了；这样，至少对自由民来说产生了私人的平等，在这种平等的基础上罗马法发展起来了，它是我们所知道的以私有制为基础的法的最完备形式。但是只要自由民和奴隶之间的对立还存在，就谈不上从一般人的平等得出的法的结论，这一点我们不久前在北美合众国各蓄奴州里还可以看得到。

基督教只承认一切人的一种平等，即原罪的平等，这同它曾经作为奴隶和被压迫者的宗教的性质是完全适合的。此外，基督教至多还承认上帝的选民的平等，但是这种平等只是在开始时才被强调过。在新宗教的最初阶段同样可以发现财产共有的痕迹，这与其说是来源于真正的平等观念，不如说是来源于被迫害者的团结。僧侣和俗人对立的确立，很快就使这种基督教平等的萌芽也归于消失。——日耳曼人在西欧的横行，逐渐建立了空前复杂的社会的和政治的等级制度，从而在几个世纪内消除了一切平等观念，但是同时使西欧和中欧卷入了历史的运动，在那里第一次创造了一个牢固的文化区域，并在这个区域内第一次建立了一个由互相影响和互相防范的、主要是民族国家所组成的体系。这样就准备了一个基础，后来只是在这个基础上才有可能谈人的平等和人权的问题。

此外，在封建的中世纪的内部孕育了这样一个阶级，这个阶级在它进一步的发展中，注定成为现代平等要求的代表者，这就是资产阶级。资产阶级本身最初是一个封建等级，当15世纪末海上航路的伟大发现为它开辟了一个新的更加广阔的活动场所时，它使封建社会内部的主要靠手工进行的工业和产品交换发展到比较高的水平。欧洲以外的、以前只在意大利和黎凡特之间进行的贸易，这时已经扩大到了美洲和印度，就重要性来说，很快就超过了欧洲各国之间的和每个国家内部的交换。美洲的黄金和白银在欧洲泛滥起来，它好似一种瓦解因素渗入封建社会的一切罅隙、裂缝和细孔。手工业生产不再能满足日益增长的需要；在最先进的国家的主要工业部门里，手工业生产为工场手工业代替了。

可是社会的政治结构决不是紧跟着社会经济生活条件的这种剧烈的变革立即发生相应的改变。当社会日益成为资产阶级社会的时候，国家制度仍然是封建的。大规模的贸易，特别是国际贸易，尤其是世界贸易，要求有自由的、在行动上不受限制的商品占有者，他们作为商品占有者是有平等权利的，他们根据对他们所有人来说都平等的、至少在当地是平等的权利进行交换。从手工业向工场手工业转变的前提是，有一定数量的自由工人（所谓自由，一方面是他们摆脱了行会的束缚，另一方面是他们失去了自己使用自己劳动力所必需的资料），他们可以和厂主订立契约出租他们的劳动力，因而作为缔约的一方是和厂主权利平等的。最后，一切人类劳动由于而且只是由于都是一般人类劳动而具有的等同性和同等意义，在现代资产阶级经济学的价值规律中得到了自己的不自觉的，但最强烈的表现，根据这一规律，商品的价值是由其中所包含的社会必要劳动来计量的。——但是，在经济关系要求自由和平等权利的地方，政治制度却每一步都以行会束缚和各种特权同它对抗。地方特权、差别关税以及各种各样的特别法令，不仅在贸易方面打击外国人或殖民地居民，而且还时常打击本国的各类国民；行会特权处处和时时都一再阻挡着工场手工业发展的道路。无论在哪里，道路都不是自由通行的，对资产阶级竞争者来说机会都不是平等的，而自由通行和机会平等是首要的和愈益迫切的要求。

社会的经济进步一旦把摆脱封建桎梏和通过消除封建不平等来确立权利平等的要求提上日程，这种要求就必定迅速地扩大其范围。只要为工业和商业的利益提出这一要求，就必须为广大农民要求同样的平等权利。农民遭受着从十足的农奴制开始的各种程度的奴役，他们必须把自己绝大部分的劳动时间无偿地献给仁慈的封建领主，此外，还得向领主和国家交纳无数的贡税。另一方面，也不能不要求废除封建特惠、贵族免税权以及个别等级的政治特权。由于人们不再生活在像罗马帝国那样的世界帝国中，而是生活在那些相互平等地交往并且处在差不多相同的资产阶级发展阶段的独立国家所组成的体系中，所以这种要求就很自然地获得了普遍的、超出个别国家范围的性质，而自由和平等也很自然地被宣布为人权。这种人权的特殊资产阶级性质的典型表现是美国宪法，它最先承认了人权，同时确认了存在于美国的有色人种奴隶制：阶级特权不受法律保护，种族特权被神圣化。

可是大家知道，从资产阶级由封建时代的市民等级破茧而出的时候起，从中世纪的等级转变为现代的阶级的时候起，资产阶级就由它的影子即无产阶级不可避免地一直伴随着。同样地，资产阶级的平等要求也由无产阶级的平等要求伴随着。从消灭阶级特权的资产阶级要求提出的时候起，同时就出现了消灭阶级本身的无产阶级要求——起初采取宗教的形式，借助于原始基督教，以后就以资产阶级的平等理论本身为依据了。无产阶级抓住了资产阶级所说的话，指出：平等应当不仅仅是表面的，不仅仅在国家的领域中实行，它还应当是实际的，还应当在社会的、经济的领域中实行。尤其是从法国资产阶级自大革命开始把公民的平等提到重要地位以来，法国无产阶级就针锋相对地提出社会的、经济的平等的要求，这种平等成了法国无产阶级所特有的战斗口号。

因此，无产阶级所提出的平等要求有双重意义。或者它是对明显的社会不平等，对富人和穷人之间、主人和奴隶之间、骄奢淫逸者和饥饿者之间的对立的自发反应——特别是在初期，例如在农民战争中，情况就是这样；它作为这种自发反应，只是革命本能的表现，它在这里，而且仅仅在这里找到自己被提出的理由。或者它是从对资产阶级平等要求的反应中产生的，它从这种平等要求中吸取了或多或少正当的、可以进一步发展的要求，成了用资本家本身的主张发动工人起来反对资本家的鼓动手段；在这种情况下，它是和资产阶级平等本身共存亡的。在上述两种情况下，无产阶级平等要求的实际内容都是消灭阶级的要求。任何超出这个范围的平等要求，都必然要流于荒谬。我们已经举出了关于这方面的例子，当我们转到杜林先生关于未来的幻想时，我们还会发现更多的这类例子。

可见，平等的观念，无论以资产阶级的形式出现，还是以无产阶级的形式出现，本身都是一种历史的产物，这一观念的形成，需要一定的历史条件，而这种历史条件本身又以长期的以往的历史为前提。所以，这样的平等观念说它是什么都行，就不能说它是永恒的真理。如果它现在对广大公众来说——在这种或那种意义上——是不言而喻的，如果它像马克思所说的，"已经成为国民的牢固的成见"，那么这不是由于它具有公理式的真理性，而是由于18世纪的思想得到普遍传播和仍然合乎时宜。因此，如果杜林先生能够直截了当地让他的有名的两个男人在平等的基础上料理家务，那是由于这对国民的成见来说是十分自然的。的确，杜林先生把他的哲学叫做自然哲学，因为这种哲学是仅仅从那些对他来说是十分自然的东西出发的。但是为什么这些东西对他来说是自然的呢？——这一问题他当然是不会提出来的。

——节选自《马克思恩格斯文集》第9卷，人民出版社2009年版，第101—113页。注释略。

第十章，第109—113页

杜林主义

平等——正义。——平等是正义的表现，是完善的政治制度或社会制度的原则，这一观念完全是历史地产生的。在自然形成的公社中，平等是不存在的，或者只是非常有限地、对个别公社中掌握全权的成员来说才是存在的，而且是与奴隶制交织在一起的。在古希腊罗马的民主政体中也是如此。一切人——希腊人、罗马人和野蛮人，自由民和奴隶，本国人和外国人，公民和被保护民等等——的平等，在古希腊罗马人看来，不仅是发疯的，而且是犯罪的，它的萌芽在基督教中始终一贯地受到迫害。——在基督教中，最初是一切人作为罪人在上帝面前的消极的平等，以及更狭隘意义上的平等，即那些被基督的仁慈和血拯救过来的上帝的孩子们的平等。这两种看法是从基督教作为奴隶、被放逐者、遭排挤者、受迫害者、被压迫者的宗教所起的作用中产生的。随着基督教的胜利，这种因素便退居次要地位；教徒和非教徒、正教徒和异教徒的对立则成为紧接着出现的主要问题。——随着城市的兴起，以及或多或少有所发展的资产阶级和无产阶级的因素的相应出现，作为资产阶级存在条件的平等要求，也必然逐渐地再度提出，而与此相联的必然是无产阶级从政治平等中引申出社会平等的结论。这一点最先明确地表现在农民战争中，当然，采取了宗教形式。平等要求的资产阶级方面是由卢梭首先明确地阐述的，但还是作为全人类要求来阐述的。在这里，正如在资产阶级提出任何要求时一样，无产阶级也是作为命中注定的影子跟着资产阶级，并且得出自己的结论（巴贝夫）。资产阶级的平等同无产阶级的结论之间的这种联系应当详加发挥。

因此，为了得出平等＝正义的命题，几乎用了以往的全部历史，而这只有在有了资产阶级和无产阶级的时候才能做到。但是，平等的命题是说不应该存在任何特权，因而它在本质上是否定的，它宣布以往的全部历史都是糟糕的。由于它缺少肯定的内容，由于它一概否定过去的一切，所以它既适合于由 1789—1796 年的大革命来提倡，也适合于后来的那些制造体系的平庸之徒。但是，如果想把平等＝正义当成是最高的原则和最终的真理，那是荒唐的。平等仅仅存在于同不平等的对立中，正义仅仅存在于同非正义的对立中，因此，它们还摆脱不了同以往旧历史的对立，就是说摆脱不了旧社会本身。

这就已经使得它们不能成为永恒的正义和真理。在共产主义制度下和资源日益增多的情况下，经过不多几代的社会发展，人们就一定会达到这样的境地：侈谈平等和权利就像今天侈谈贵族等等的世袭特权一样显得可笑；同旧的不平等和旧的实在法的对立，甚至同新的暂行法的对立，都要从实际生活中消失；谁如果坚持要求丝毫不差地给他平等的、公正的一份产品，别人就会给他两份以示嘲笑。甚至杜林也会认为这是"可以预见的"，那时，平等和正义，除了在历史回忆的废物库里可以找到以外，哪儿还有呢？由于诸如此类的东西在今天对于鼓动是很有用的，所以它们决不是什么永恒真理。

（平等的内容须待阐明。——限于权利等等。）

此外，抽象的平等理论，即使在今天以及在今后较长的时期里，也都是荒谬的。没有一个社会主义的无产者或理论家想到要承认自己同布须曼人或火地岛

人之间、哪怕同农民或半封建农业短工之间的抽象平等；这一点只要是在欧洲的土地上一被消除，抽象平等的观点也会立时被消除。随着合理的平等的建立，抽象平等本身也就失去任何意义了。现在之所以要求平等，那是由于预见到在当前的历史条件下随着平等要求自然而然来到的智力上和道德上的平等化。但是，永恒的道德应当在任何时候和任何地方都是可行的。关于平等的这种主张，甚至杜林也没有想提出；相反，他还容许暂时性的压制，这样也就承认平等不是永恒真理，而是历史的产物和一定的历史状况的特征。

资产者的平等（消灭阶级特权）完全不同于无产者的平等（消灭阶级本身）。如果超出后者的范围，即抽象地理解平等，那么平等就会变成荒谬。正因为这样，杜林先生最后又不得不把武装的和行政的、法庭的和警察的暴力从后门引进来。

可见，平等观念本身是一种历史的产物，这个观念的形成，需要全部以往的历史，因此它不是自古以来就作为真理而存在的。现在，在大多数人看来，它在原则上是不言而喻的，这不是由于它具有公理的性质，而是由于 18 世纪的思想的传播。因此，如果说这两个著名的男人今天置身于平等的基础上，那么，这正是因为他们被想象为 19 世纪的"有教养的"人，而且这对于他们说来是很"自然的"。现实的人过去和现在如何行动，都始终取决于他们所处的历史条件。

　　——节选自《马克思恩格斯文集》第 9 卷，人民出版社 2009 年版，第 352—355 页。注释略。

后 记

做学问，要学会把书读薄，也要学会把书读厚。

我们可以博览群书后写下一部娇小的作品，也可以依据很少的文字悟出很多的道理写出大部头的作品。虽然不能完全以文字多少来判断一部作品是否经典，但如果其中每一段甚至每一句都有深刻道理、值得深入思考的话，那这样的作品肯定是经典。《反杜林论》无疑是经典，其中的"平等篇"无疑是经典里面的经典，如此少文字的作品却能全景展示人类社会平等的历程，难道不应称为经典吗？不值得好好挖掘吗？

这本小册子不是对《反杜林论》的整体解读，而只是选择了其中关于"平等篇"的很小的一部分。之所以作出如此选择，主要是有两个方面的考虑：

一方面，基于平等论题在马克思主义理论研究中的重要性，在进一步拓展马克思主义基本原理中的重要性。当我们思考马克思主义基本原理都包含着哪些内容时，长期以来并没有把平等（包括公平、正义、民主、自由）作为重要构成部分。而在马克思主义理论研究的过程中，平等论题（包括公平、正义、民主、自由）还缺少更系统、更深入的当代建构。《反杜林论》的"平等篇"对于我们拓展平等理论实在是太重要了，值得单独深入挖掘。

另一方面，《反杜林论》分为三个部分，其中关于科学社会主义的部分，已经作为《社会主义从空想到科学的发展》独立成文，《经典悦读系列丛书》中的《社会主义的哲思》对其已经作出解读和阐释，如再全面解读《反杜林论》必然会有重复。选择平等论题来深入展开，也是符合《经典悦读系列丛书》的整体风格的，即每一本书围绕一部经典，选择其中的一个主题或一个主线展开。我们希望能够聚焦平等论题，尽可能把这个论题的相关内容讲深讲透。

这本小册子是在已经公开发表的论文《平等问题的唯物史观透视与马克思主义平等论的当代建

构》基础上拓展而来的，也是国家社科基金重点项目"面向中国社会现实的马克思主义公平正义论的当代建构研究"的阶段性成果。面向现实的理论建构离不开文本基础，文本的深度解读也一定会为接下来的面向现实的理论建构夯实地基。

一个阶段只能做好这个阶段的事，这本小册子因为还算是阶段性成果，肯定有不足之处，敬请读者提出进一步完善的指导性意见。

陈培永

2023 年 5 月于北京大学燕北园